あの同族企業はなぜすごい

中沢康彦

日経プレミアシリーズ

まえがき

同族経営がこのところ、さまざまな形で注目を集めている。出光興産では合併をめぐって創業家と経営陣が対立。大塚家具では一時、父と娘が経営権をめぐって争い、最終的に2人はたもとを分かった。2016年のセブン&アイ・ホールディングスの人事をめぐる対立では最終的に創業家の意向が働いたとされる。こうした事例は枚挙にいとまがない。また後継者難から会社をたたむ「大廃業時代」の足音が迫り、多くの同族企業が危機に直面している。

同族経営を考えるとき、中小企業は大半がファミリーによるビジネスであることが広く知られている。一方、上場企業も実は株式の所有比率や経営陣の構成などにファミリー色のある会社が意外なくらい多い。海外を見渡しても、同族企業は大きな位置を占めている。

経済の主役の一つといえるが、その内実はあまり知られていない。

新聞や雑誌などでは、これまで主に二つの角度から語られてきた。一つはファミリーとビジネスをめぐる「事件」が起きたとき、「だから同族経営はダメ」のように、マネジメント失敗の原因として否定的なニュアンスで語られるケース。具体的には、親子である先代と後継者の「泥沼の対立」、兄弟間の「骨肉の争い」、ファミリーが好き放題の「私物化やひいき」、実力のない後継者が事業にかかわり経営が悪化するいわゆる「バカ息子問題」などがある。この場合「企業形態として古い」といった見方を伴いがちだ。もう一つは業歴の長い同族会社の一部を老舗として「学ぶべきビジネスモデル」とみるケース。創業100年、200年を超える「長寿企業」数は日本が世界一であり、経営学では早くから老舗研究が進んでいる。ここでは業歴の長さはプラス要素と捉えられる。

それでも経済の大部分を占める同族企業は大半がどちらにも当てはまらないのではないか。ファミリーとビジネスの間に葛藤や課題があるとしても、表面化する会社は限られている。長寿企業も世界的に社数が多いものの、同族経営に占める比率は一部にすぎない。すると、企業の大半を占めるにもかかわらずイメージばかりで実態は思いのほか、わかっていない。果たして本当はどうなのか――。これがこのテーマに対する私の出発点だ。

本書は大きく「同族企業の経営者が語るファミリーとビジネスの真実」（1～5章）と「最

新のアカデミズムの成果を通じた同族経営の分析」（6〜8章）の2部からなる。同族経営はファミリーとビジネスが重なり合う以上、当事者でないと見えない面がある。だからこそ経営者の肉声は不可欠だ。一方で、同族経営はイメージで語られた分、実態を知るにはデータや理論で裏付ける必要があると考えた。この分野が2000年以降、経営学のメーントピックの一つとなり、世界中で研究が進んでいる背景もある。

真実を知るには両面が必要だが正直に言えば、いつも取材に協力してくれる経営者が「このテーマは遠慮したい」と断るケースもあった。このトピックの難しさを感じたが、それだけに趣旨を理解のうえ経験や考えを語っていただいた経営者の皆様に感謝を申し上げたい。また各種調査データなどは、アカデミズムの先端にいる研究者の皆様に独自に作成してもらったり、いち早く公開してもらったりした内容が多く、感謝を申し上げたい。

「本当はどうなのか」という問題意識からスタートしたが、取材を進めるうちに気づいたのは、同族企業には確かに非同族企業と違う行動原理があることだ。特に世代交代などの節目、経営環境の変化でリスクに直面したときなどには、それが経営判断の違いとなって表れる。そして、同族経営の行動原理を生かした会社にはその分の強さがある。理解を深めるため、同族経営を離れたケースや民俗学からのアプローチなども盛り込んだ。

本書は2015～17年に日本経済新聞電子版の連載「新・同族経営」の掲載記事に一部、加筆などを行いまとめた。小板橋太郎ビジネス編集長をはじめ電子版の諸兄姉、書籍担当の日本経済新聞出版社の野崎剛さんにあらためてお礼をお伝えしたい。

ビジネスの世界を海に例えると、そこには株主を重視する魚（会社）がいれば、また別の原理で動く魚（会社）がいる。同族経営の魚（会社）もまた独自の行動原理の下、同じ海に泳いでいる。この海の多様性は「会社」が経てきた歴史の厚みを示す以上、同族経営について知ることは、ビジネスをより理解することにつながるはずだ。何より企業の大半が同族企業である以上、「よいか悪いか」や「新しいか古いか」ととらえるのでなく、まずはもっと知ることが大切だと考えている。これからもこの分野の取材を続けていく。

2017年10月

中沢康彦

目次

トヨタ社長が共感する年輪経営は「ファミリーの意識づけ」が礎
私財10億円、30年費やし酒蔵をバイオ企業に変えた執念

第3章

後継者難の時代、家業を継ぐ哲学——個人の夢と家への思い

ダウンタウン元マネジャー　お笑いから家業へ
元宝塚・後継娘に「考えがマリー・アントワネット」の痛言
継いで後悔　町工場の熱血三代目、復活は中学教科書から
ファミリーイナダ　社長の一人息子を中国へ
ロックスター夢見た三代目、家業継ぎ売上高4倍に
大手経て同族中小へ　跡継ぎ三つの成長戦略
ガンダムも経営に生かす町工場社長　父急逝で主婦から転身

同族企業、選ぶ取引先も同族企業

第8章

同族だから起きる課題をアカデミズムで斬る

同族企業はなぜ「泥沼の対立」が起きるのか
老舗研究の最前線　過去でなく現在に注目すると見えること
ファミリービジネス学会　なぜ起きる？　同族企業のガバナンス問題
後継者の7割が「修羅場」を経験　跡取りはつらいよ
京都ものづくりの事業承継、「おかん」と「嫁」が陰の立役者
MBAの総本山、ケロッグがファミリービジネスに力を入れる理由
日本とドイツ、同族企業のイメージは大きく違う

第 1 章

同族経営は激しい

——家族対立も企業成長の原動力

星野リゾート「これもファミリービジネスを受け継ぐ正しい方法」

「同じ会社で本気で真剣に経営に取り組む時に、通常の父子の関係が犠牲になります。この23年間は、私は父に経営者として挑戦し、父も私を後継者として評価するという関係になり、元の父子に戻ることなく今日を迎えてしまいました」

「父から私への事業承継は決してスムーズなものではありませんでした。若く未熟であった私は、父の経営方針に強く反発し、父子で覇権争いを展開する時期もありました」

2つの言葉はリゾート運営会社、星野リゾート代表の星野佳路氏が2013年3月に亡くなった父、嘉助氏について記した。同年4月に旅館の創業地、長野県軽井沢町で開いた「お別れの会」で配布の小冊子「四代目星野嘉助と軽井沢」に収録している。星野氏は創業約

100年の星野リゾートで四代目。トップ就任の際に、先代社長を務めた父と激しく争った経緯がある。静かな筆致を通し、事業を父から息子に引き継ぐ同族企業特有の厳しさが伝わる。

■父と経営権を争った日々

祖父に「ウチの跡取りだ」と紹介されながら育った星野氏は自然と「いつか自分が継ぐ」と意識するようになった。大学卒業後、海外留学などを経て1988年、前身の星野温泉旅館に入社。父は同族企業らしい長期的な視点からバブル経済下でも借金の少ない堅実経営を貫いていた。その一方、社内では一族出身の複数の役員が「特権階級」となっていた。旅館の備品を持ち帰ったり、同じ敷地内にある自宅の電気代を会社に回したりするなどの公私混同が常態化。「悪気はないが、前近代的な経営」だった。これでは優秀な人材が集まらないし、入社した社員のモチベーションは上がらない。企業として生き残るには時代に合った経営が必要で、星野家は変わらなければならない——こう考えた星野氏は、父に経営改革を訴えた。しかし、トップを務める父は総論で賛成しても、各論に入ると考えが合わなかった。

2人は社内で激しい言葉を交わし、次第に通常の親子のような付き合い方ができなくなった。

父のパワーは圧倒的で結局、会社は何も変わらなかった。星野氏に期待した社員の見方は次第に「結局、あなたも特権階級の一員だ」となった。「変えるつもりがないなら、自分がいる意味はない」と考えた星野氏は退社し、別の会社で働き始めた。

復帰のきっかけは、経営環境の変化を前に事業の将来を心配する一族の一部が「戻ってほしい」と訴えたことだった。変革の可能性を感じた星野氏は、各論に踏み込んだ取り組みには取締役会のメンバー構成を変える必要があると痛感。そのためには過半数を超える株主の賛同を得る必要があり、慎重に準備を進めた。最終的に4対3の僅差で取締役会の議決権を制した星野氏は、復帰とともに父に代わって91年、トップに就任。ハードランディングでの事業承継となった。

同族経営において事業承継時の親子対立はそれほどめずらしくない。ときには株主総会で経営権をめぐる委任状争奪戦（プロキシーファイト）を展開することもある。対立は否定的に語られがちだが、星野氏の考えは違う。自らの経験を踏まえてこう語る。「後継者が『もめごとはよくない』と決めつけて、我慢するのがいいと思わない。円滑に移行できるソフトランディング型の事業承継は理想的だが、ハードランディングもファミリービジネスを受け継ぐ正しい方法の一つだと思う。リスクや世間に波風が立つことはあるが、経営が一気に若返るメリットがある上、妥協した戦略は不要なため、新しい経営方針を徹底しやすい。星野リゾートの場合、父と争いながら次の方向性を見出したことが今につながっている」

トップとなった星野氏は改革を断行するパートナーとして、ビジョンを共有する弟の究道氏を経営陣に加えた。特権階級や公私混同をなくすと同時に社員のモチベーションを高める方向にかじを切り、収益力を向上させた。軽井沢で盤石な事業を築いた父を「どう超えられるかは当初、テーマでありチャレンジ」だったが、外資系ホテルが進出する業界構造の変化に対応し、全国展開に踏み切った。現在国内外で36カ所の施設を運営。父の代は年商20億円ほどだったが、取扱高ベースで約460億円と23倍になった。

父にとって「最後の仕事」

父はトップ交代の取締役会を境に、経営の一線からきっぱり身を引いた。対立を経て経営権が移ると気づいた段階で「会社全体を崩壊させる」方向に進む可能性もあるとみていたが、そうしなかった。「自分の意に沿わないし、頭にきているはずなのになぜか」と思った星野氏は父の姿勢から、世代を超えて経営のバトンを代々受け渡してきた同族企業トップとしての義務感、事業承継を「最後の仕事」とする責任感を知った。星野リゾートを「星野家のファミリービジネス」ととらえる星野氏は「お別れの会」で配布した冒頭の小冊子でこう記す。「(若いころは) 自分が正しいと思っておりましたが、結果的に事業が今でも継続できていることは、父が長期的な視野で同族経営の良識を発揮したからなのです」

「獺祭」の光と影
最後までわかり合えなかった父子

家族の穏やかな幸せか、企業の成長か——。同族企業にかかわるファミリーは一族と会社をめぐって〝究極の選択〟を迫られることがある。「獺祭《だっさい》」で知られる酒造会社、旭酒造（山口県岩国市）会長の桜井博志氏は経営をめぐって父と対立。勘当状態は父が亡くなるまで続いた。それでも引き継いだのは、家業への深い愛着だった。「父と対立しなかったら、父の言う通りにしていたら、会社の今はなかった。父にはもうしわけなかったが、企業の経営者としては完全にプラスだった」。桜井氏は父とのわだかまりの日々をこう振り返る。

父の代には社員5人。山奥にあるローカルな酒蔵にすぎず、しかも地元で4位としんがりだった。桜井氏はおいしさにこだわる酒を造ろうと新たな銘柄として獺祭を立ち上げ、全国販売に進出。社員は42倍の約210人となった。海外での販売にも力を注ぎ、16年9月期の売上高は108億円に達する。ここまでの歩みは平たんでなかった。同族経営の厳しさや先代を否定して進む困難さを通り抜けた。

■父からクビを言い渡され、会社を去る

子どものころ、桜井氏にとって家業の酒蔵は生活と一体だった。朝になると、職人から酒米の蒸し具合の試しにつくる「ひねりもち」をもらい、ストーブで焼いて食べた。家庭の事

情で小学6年生のときには広島県の親戚に預けられた。それでも長男として、「将来、父の酒蔵を継ぐ」ことは自分も周囲も当たり前ととらえた。だから大学卒業後、迷わず修業先に兵庫県の大手酒造会社を選んだ。

3年半ほどしたころ、父の病気を契機に家業に戻った。日本酒の市場はこのころ早くも長期的な低迷に突入していた。父は先行きの見通しが暗いことに気づいてはいた。それでも「酒蔵の仕事とは前かけをしめて、酒販店と密接に付き合うことだ」という従来の手法にこだわった。このため桜井氏は父の命でトラックに乗ってひたすら酒販店を回り、清酒を売り歩く毎日だった。社外での経験から危機感を持った桜井氏は次第に父と対立。2年ほどすぎたある日、父子に大きな亀裂が生じた。きっかけはささいなことで、取引先の手伝いに社員を出すかどうかで考えが分かれた。やがて激しい口論となり、最後には父は「もう、来なくていい」とクビを言い渡した。これを契機に桜井氏は酒蔵を去った。採石場を経営する親戚の縁から、石材卸会社を設立し、独力で事業をスタート。経営は順調で、年商はほどなく2億円になった。桜井氏は「日本酒はなぜあれほど売れなかったのか。やはり何かおかしかったからだ」と確信した。

事業で生じたわだかまりは感情的な対立に発展した。親子の住まいは近所だったが、たもとを分かった日を境に、つき合いが一切なくなった。親戚が集まるお盆や正月も行き来しなかった。同族経営ならではの公私にわたる対立が父子の間に深い溝を生んだ。

数年後。後継者を失った父は、かつて桜井氏を預けた広島の親戚を通して、関係の修復を図ってきた。せっかくの機会にもかかわらず、父は「戻れ」と繰り返すばかりだった。歩み寄る姿勢はみじんもない。このため戻ったら、元のもくあみとなることは明白だった。このため、桜井氏は復帰の要請を断った。

父はあきらめなかった。最初の復帰要請から数年後、今度は人を介することなく直接「帰ってこい」と桜井氏に声をかけた。父の肉声に、桜井氏もこのときはさすがに気持ちが動いた。そこで石材卸を経営しながら酒蔵を手伝う形で家業に再び入った。しかし、戻ってみれば、父は経営方針や営業方法を変えなかった。父にとって桜井氏はあくまで「都合のいいセールスマン」だった。失望した桜井氏はわずか2カ月で再び酒蔵を離れた。

父にとって、酒蔵の跡継ぎが決まらないことは心残りだったに違いない。さらに数年後、重い病で死期が近づいたとき、父は改めて直接、「お前に任せる」と復帰を求めた。このときになっても、父は経営に対する考えを変えず、最後まで自分の支配権を離すつもりもなかった。桜井氏は父の余命がいくばくもないことを知ってはいたが、「自信がない。だから無理だ」と受け入れなかった。

半年後、父は任せられる後継者を決められないまま、亡くなった。公私にわたる対立は最後まで解きほぐされず、親子は親密な関係に戻らなかった。家族と会社が重なり合う同族経営には、ときとしてこうした厳しさがつきまとう。申し出を断り続けた桜井氏に、事業が引き継がれることが決まったのは、父のお通夜だった。その夜、式場に近い清酒の瓶詰め場から「手元にある酒を熱殺菌しなければダメになるが、どうしたらいいのか」と悲痛な問い合わせが入った。しかし、トップを失ったばかりで、皆うろうろするばかり。何も決められない。桜井氏はこのとき「父が酒をダメにしていいと言うとは考えられない」と思った。そこですぐに「瓶詰めしてくれ」と指示。この一言が事実上の社長就任の宣言となった。

父の生前は戻らなかったのに、なぜこのときに復帰したのか。「酒蔵は家業。プライドも何も全部いっしょにくっついてくる。だからやはり酒蔵がやりたいと思った」と桜井氏は振り返る。家業はそれだけ記憶や生活の深い部分でつながっていた。迷いはなかった。

それでも感慨に浸っている余裕はなかった。清酒市場の縮小は進み、地方の中小の酒蔵だった旭酒造に重くのしかかっていた。売り上げは急減が続き、父は企業規模を小さくしていたものの、限界に近づいていた。桜井氏は「父の代のやり方ではせいぜい4、5年ほどしかもたない。何とかしなければならない」と強く思った。

社内には他の親戚がいたこともあり、戻った桜井氏に冷ややかな空気だった。「ひとまずは新しい社長にやらせてみよう」となったが、社員の士気は低かった。営業担当者に「どうしたら売れるか」と尋ねても、売れない理由だけが返ってきた。売れる方法は一つも出てこなかった。「彼らは昨日と同じであれば幸せなのかもしれない。会社は経営者である自分が変えるしかない」と悟った。それでも何をしたらいいかわからない。「このままでは破滅」との危機感や恐怖感だけが募り、いつしかうつ状態になり自殺も考えた。

■家業だからつらいけれど、続けられた

その後、「自分だけが意思決定できる」と気づいたことでひとまず視界は開けてきたが、気持ちだけで難局を突破できるほど甘くない。紙パック酒や値引き販売などに挑戦したが、

失敗が続いた。石材卸も続けていたため、生活費は捻出できたが、借金の山が積み重なった。父の代なら静かに廃業できたが、このままでは自己破産するしかない。旧知の税務署の職員は「あがけばあがくほど沈む泥沼のようだ」とあきれた。耐えられたのは、やはり家業への愛着が大きかった。「酒蔵の息子はやはり酒蔵が一番。つらいけれど、面白かったから続けられた。石材だけだったら楽しい人生ではなかっただろう」と桜井氏は話す。

成長に転じるきっかけは、うまさにこだわり、販路を全国に広げたこと。地元でじり貧となるなか、東京の地酒専門店での扱いを契機に全国に進出。新しい銘柄として獺祭を立ち上げ、口コミで評価を高めた。流れは一気に変わったかに見えた。しかし、今度は売り上げを安定させようと始めた地ビール製造、レストラン経営でつまずいた。大学生の息子に学費を振り込めず、保険金目当ての自殺が再び頭をよぎった。

会社の変調に、酒造りを統括する杜氏《とうじ》は酒蔵を去った。ピンチを前に桜井氏は酒造業界の伝統を破ることを決断。徹底した数値管理に基づく、社員の手による酒造りへの転換に踏み切った。これが全国でも珍しい通年での醸造につながり、次の成長を導いた。現在は銘柄を獺祭一本に絞り、事業を伸ばす。「機械でなく人の手にこだわる。高い品質と同時に雇用も生まれる。地方の事業のこれからのあり方につながるのではないか。父の言うことを聞いていたら、今の形になっていないし、会社は残らなかった」と桜井氏は話す。失敗を繰り返しながら独自の事業モデルにたどりついたが、取引が拡大する海外では、同族経営であることが信頼の証しになるという。「サラリーマン経営者だと何かあったら逃げるかもしれない。しかし、ファミリーは逃げないことを皆知っている。ブランドを磨くにはやはりファミリービジネスだと思う」と桜井氏は語る。

かつて自分がそうだったようにいつか自分が否定されるかもしれないと思う。「それでも目の前で否定されたら腹が立つはず。理屈と感情とは違う」。同族経営の厳しさと強さを知る桜井氏は静かに笑う。2016年に息子に社長を任せ、会長に就いた。

一族対立で社内が分裂
ホッピー、後継娘が直面した試練

同族企業は会社とファミリーが重なる分、対立が複雑化しやすく、それが事業の停滞を招くことも少なくない。ホッピービバレッジ（東京・港）社長の石渡美奈氏は同族内の対立、親子のぎくしゃく、先代の古参幹部との関係など、同族企業に特有の課題にいくつも向き合いながら、自分なりの経営スタイルにたどりついた。

父がある親戚と社内で対立していることは、子どものころから知っていた。特別な出来事があったわけではない。一人娘の石渡氏は両親の何気ない日々の会話や、正月にファミリーが集まる場の様子などから、自然とそのことを理解するようになっていた。

創業者だった祖父は石渡氏と同じ建物に住み、孫にいつも温かかった。周囲の人望が厚かった祖父が亡くなったのは、石渡氏が中学生のとき。葬儀を行った青山葬儀所には当日、数えきれないくらいの花輪が並んだことをよく覚えている。事業を一から立ち上げた祖父が亡くなると、父とこの親戚の溝はさらに深まった。やがて販売部門を分社化。父が本体、親戚が販社をみる形になった。社員約40人と大きくはないにもかかわらず、社内はばらばらだった。経理を担当する親戚は父に決算データを見せないこともあったという。ファミリーの対立が当時の業績低迷の一因なのは、間違いなかった。

それでも石渡氏が実際に親戚との対立に直面したのは遅く、社外での勤務を経た20代後半のことだった。仕事をする面白さに目覚めた同じころ、父の会社は念願だった地ビール事業に参入する時期だった。二つのタイミングが重なり、「祖父から父に引き継いできた会社で働きたい」と強く思うようになった。

社内には対立する親戚の子弟が一足早く入社。娘をファミリーの対立に巻き込みたくない父は、石渡氏の入社に反対だった。石渡氏の決意は固かったが、動きを察知した親戚は「このままでは自分の子弟が本体を継ぐ目がなくなる」と思ったのだろう。ある日、「お昼ご飯を食べよう」と石渡氏を直接、呼び出した。親戚は自分に近い社員を連れて現れると、面と向かって「あなたは会社に入らなくていい」と告げた。石渡氏が母に報告すると、普段は温厚な母がこのときばかりは怒り、会社に行って親戚に抗議した。

■スタート地点に立ったはずだったが…

石渡氏はこのとき全く動じなかったという。理由について「父の会社に入りたい気持ちは、対立に伴う大変さを上回っていた」と説明する。1年ほど後の1997年、父は入社を認めた。石渡氏は29歳。ようやくファミリービジネスにかかわるスタート地点に立ったはずだった。しかし、それから数年間、ファミリーをめぐる試練が公私で続いた。

プライベートでは親子の関係に悩んだ。母と距離を置きたい気持ちが芽生え、家を出て一人暮らしを始めた。一時は断絶状態となったが、自立できた気がした。だが、間もなく父が病気で入院。同じころ、母も交通事故に遭遇した。両親が苦しい時期に、そばにいない自分――。それが無性に腹立だしかった。「真剣に仕事したかったら、いつまでも親とけんかしているわけにいかない」という意識も強くなった。

それでも実家に戻るまでには結局、2年かかった。きっかけは、借りていた部屋の契約更新だった。石渡氏がそれまでのことを素直にわびると、両親は娘の謝罪をそのまま受け入れた。「親子だからすっと元に戻った。わだかまりはなかった」と振り返る。一方、仕事面では、やはり親戚との対立がネックになった。予想されたとはいえ、社内の空気はよどみ、風通しが悪かった。組織が小さい分、ささいなうわさ話まであっという間に広まった。何かやろうとしても、やらせてもらえる雰囲気がなかった。活気のなさは業績につながり、売り上げは01年に過去最低になった。

それが02年夏、意外な形で流れが変わる。当時、対立する親戚の子弟は経理を統括していたが、欠勤が多く業務の停滞を招いていた。たまりかねた石渡氏が指摘すると、この子弟はその日から出社しなくなった。やがて辞表を提出。父と対立してきた親戚も会社を去った。父の代に続いてきたお家騒動はようやく収束したかと思われた。しかし、事態はもっと深刻だった。ほぼ同じ時期に親戚に近い経理担当の社員たちが一斉に退職。顧問会計士も親戚側についたことから、会社の数字が見えなくなった。ピンチを前に石渡氏が探した新しい税理士に顧問を依頼。同時に中途採用した社員を経理に回し、何とか対応した。それでも混乱は収まらず、社内に反発が残った。

幸いだったのは、親戚が会社を去って以来、経営に口を出してこなかったこと。退社する社員が出る一方、父の育てた古参幹部がサポート役となった。社内が少しずつ落ち着くなか、父は石渡氏に「会社をあなたに任せる」と告げ、後継者に指名。販社の業務を本体に戻し、再び製造から販売までの一貫体制になった後、03年に副社長に就任した。

石渡氏は人材育成をテコにしながら経営改革を進めようと考え、07年度から新卒採用をスタート。自ら社員の教育にもがっちりかかわった。同時にメディアに積極的に登場。さらに、工夫しながらコストをかけない形での広告宣伝に取り組んだ。すると、社内に少しずつ活気が生まれ、会社は変わり始めた。

それでも一筋縄ではいかない。今度はそれまで支えてくれていた古参幹部との関係に悩むようになった。父はこの幹部を信用し、ずっと重用してきた。しかし、石渡氏の目には「いきすぎている面がある」と映った。処遇をめぐって父とたびたび議論した。しかし、父との意見の違いは埋まらず、この幹部が会社を去るまで続いた。石渡氏は10年、社長に就任。引き継いでから父はすべてを娘に任せ、会長として一歩引いた位置から事業を見るようになった。自ら採用し、育てた若い社員が増えるにつれて、社長と社員の距離は縮まった。そこから、チームワークが社内に生まれ、明るい雰囲気が広がった。同族が対立していたときには考えられないことだった。代替わりによる変化は業績にもつながり、売上高は過去最悪だった01年と比べて5倍の約40億円に伸びた。

同族経営のさまざまな面を経験しながら、現在の形にたどりついた石渡氏。社内の一体感を重視し、今もときどき社員といっしょに朝までカラオケを楽しむ。一方、会社を次のステージに導くために社員の育成をさらに進めようと、早稲田大学ビジネススクールを経て、慶応大学大学院に進み、修士課程を修了した。研究は今後も続け、経営者との二足のわらじを履く考えだ。ファミリーのいざこざに悩んだ日々は遠く、「理論の良さを実際の経営に生かし、また実践的な経営から知ったことを理論に生かしたい」と石渡氏は話す。

「兄よさらば」分かれたからできた利益率3割の上場企業

仲のよい兄弟だからといって、いっしょに経営してうまくいくとは限らない。エーワン精密（東京都府中市）で取締役相談役の梅原勝彦氏は兄弟で起業後、兄と別れて改めて1人で会社を立ち上げ、上場企業に育てた。

■中学に行かず、12歳で働き始める

「山を目指すよりも、海沿いのほうが遠いのに、どうして兄は遠回りをするのか」。梅原氏はそのとき、兄の不可解な行動に戸惑った。当時、父が事業に失敗。中学生の兄、小学生だった姉と梅原氏は鹿児島の遠戚に向かった。末っ子の梅原氏は子どもだけで列車に乗るのが楽しかった。鈍行を乗り継ぎ、鹿児島に着いたのは3日後。さらにバスに乗るはずがその

お金はない。何時間も歩き疲れたが、兄はわざわざ海沿いに遠回りした。梅原氏はその理由がずっとわからなかった。

その日から約20年後の１９７０年に梅原氏はエーワン精密を創業した。主力を旋盤用部材のカムから工具のコレットチャックにシフトしつつ多品種少量生産、短納期を徹底。創業以来の売上高経常利益率の平均が30％超の高収益企業に育てた。２００３年ジャスダック上場。07年に社長を退き、相談役を務める梅原氏は多様な立場で同族経営に向き合った。

生まれはお屋敷町として知られる東京都港区白金。父は金属材料を刃物に当てて削り出すひき物を手がける町工場の経営者だった。職人出身の父は戦前、軍の通信機の部品を手がけた。空襲を免れた戦後、手元に残った材料で喫煙用パイプをつくり成功。たんすの引き出しが札束で埋まった。暮らしぶりは豊かで、２階建ての家にはお手伝いさんが３人いた。幼少時の写真で梅原氏はベレー帽、洋服、革靴姿の「お坊ちゃん」だった。

そんな日々は長く続かなかった。酒をあびるように飲む父は賭け事にものめり込んだ。母は梅原氏の生後、半年で家を追い出された。実母の記憶がない梅原氏を育てた義母は父の３度目の再婚相手だった。新円切り替えの混乱も重なり、父は全財産を失った。子どもだけで鹿児島に向かったのはそんなとき。義母の親戚で初めての訪問だったが、その日から鹿児島に暮らすことになった。1人ずつ別々の親戚へ。梅原氏が預けられた義母の妹夫婦はやさしかった。最初は鹿児島弁がわからず困ったがすぐに慣れ、鳥やうさぎを追いかけ、はだしで野山を駆け回った。3年後、子どもがいない妹夫婦は父に梅原氏を「養子にしたい」と申し出た。しかし、父が辛辣な言い方で断ったため居場所を失い、児童相談所に預けられた。入所中の不良少年に言われるまま脱走し、連れ戻されたりもしたが1カ月後、東京に戻った。

義母は父の元を去っており、父と先に戻っていた兄、姉の4人で墨田区の6畳一間で暮らした。借家の玄関を入ってすぐの部屋で、奥の4畳半に住む夫婦が自室に入るたび梅原一家の部屋を通り、落ち着かなかった。その家賃を何カ月も滞納するほど生活は厳しく、ふとん1枚に2人ずつ寝た。学校の給食費なども未納。父から「お前は小学校まで。中学に行けない」と言われた。実際、卒業すると父は家賃を踏み倒して部屋を出た。家財道具はリヤカー1台分もなかった。一家は離散状態となり、12歳の梅原氏は川崎市の町工場で働くことになった。それでも中学の入学式には父に告げないまま出席。皆が制服姿のなか1人だけ普段着だった。教室に入ると自分の席が明るい窓際だったことを覚えている。中学はその1日しか行かなかった。義務教育中であるはずの子どもを雇用する会社は当時もなかったので、父の友人がこっそり雇った。社員は5人ほど。仕事は父と同じく金属ひき物業で家族経営だった。経営者の子弟だった梅原氏は同族企業に雇われる立場になったものの、当時から「将来、独立して社長になる」と決めていたという。

働き始めて間もなく卒業した小学校に行った。父が小学校の給食費など約３００円を納めないままにしたことが気になり、「自分で払おう」と思ったからだ。それでも到着すると12歳の少年は切ない気持ちになり、何もしないまま帰った。滞納はずっと頭を離れず約60年後、相談役になってから母校を再訪し、寄付金を送った。働き始めてからも皆と中学に行きたい気持ちは強く、書店で教科書を手に取ったこともある。しかし、科目名すらわからず、取り残された気持ちになった。

ばらばらになった家族はそれぞれの道に進んだ。父は再び職人に戻り、６歳上の兄は定時制高校に通いながら履物店で働き、後に同じひき物の職人になった。姉は中学を中退後、外国人の邸宅でメイドとして働いた。全員住み込みのため集まる家がなく、正月などで集まっても、外で立ち話するしかなかった。

職人は当時、腕を上げるため職場を転々とするのが普通で、勤め先を次々と変えた。そのたびに給料が上がったが、独立を目指す以上、慢心しなかった。どの会社も同族経営。公私混同を前に嫌な思いもした。勤め先の子弟が学校に通うのはうらやましかった。学びたい気持ちが募るなかで夜間中学を知り、職場の許しを得るとすぐに入学。仕事が終わると親方の自転車を借りて通った。定時制高校にも進んだが、独立に向け簿記学校に転じた。

22歳のとき、スカウトで10社目の会社に移った。若くてもキャリアの長い梅原氏は中卒、高卒社員をまとめる役になったが、ここでの二つの出会いがその後を決めた。一つは起業時に手がけるカムを知ったこと。ひき物は従来、職人の手作業だったが、自動旋盤の登場で職人技は不要になろうとしていた。危機感を持ったが、同時にチャンスに気づいた。カムは自動旋盤で刃物の当て方を制御する部品。メーカー品は高額なうえ、細かな仕様の打ち合わせができず、納期も長かった。「メーカーより良い条件でつくれば独立できる」と思った。もう一つは、妻となる女性との出会い。職場でめぐり合い、やがて将来を誓い合った。

結婚が順調に決まる一方、独立は資金のめどが立たないため進まなかった。転機は結婚式の前日。式に育ての母である義母を招いた梅原氏が「いい仕事はあるが、お金がなく独立できない」と話すと、義母は「私が出そう」と申し出て、独立資金として70万円を貸してくれた。結婚式当日、義母の招待に反発した父は出席しなかった。別に招いた父の弟子が持参した1枚の写真で梅原氏は初めて実母の顔を知った。

思わぬ形で独立の条件が整ったものの、父の倒産で家族が苦しんだ日々を思うと踏み切れない。悩んだまま新婚旅行に出たが、考えはまとまらず夜も布団に入れなかった。新妻は戸惑った。決意が固まり、独立の意思を伝えると、妻はうなずいた。旅行から戻り辞表を提出。慰留されたが1カ月後、退職した。

カム主体の事業モデルに不安はなかったが、問題は配送や集金だった。26歳の梅原氏は自動車の運転免許を持っていなかった。そこで免許を持つ兄を誘うことにした。兄は父の弟子の工場にいたが、辞めたがっていた。「いっしょにやろう」と伝えるとトントン拍子で話は進んだ。6歳の年齢差から兄が社長、弟が副社長と決まった。大企業勤務の姉の夫にも名を借り、3人が力を合わせる意味で社名はミツワ製作所と決めた。メーンの機械はローンで新品を購入し、残りは生まれた白金に近い古川橋の中古店でそろえた。ヤスリ盤は尊敬する松下幸之助のパナソニックの中古品で何だかうれしかった。車は中古でマツダの軽のクーペを

3万円で購入。大田区の環状7号線に近い民家の軒先で6畳ほどの物置を借り、65年に兄と事業をスタートした。

当初は販売先がなかったため苦戦。妻が前職の給料日に「お金はどうしたの」と聞くので梅原氏が「売り上げが立たないから、持ってこられない」と言うと、妻はこのとき初めて独立の意味を理解し、「困った……」とつぶやいた。それでもカムに悩む会社は多く、半年後には事業が軌道に乗った。梅原氏は兄と渋谷に繰り出し、キャバレーで大騒ぎした。義母に借りたお金は1年も立たずに返済。前職のつながりを生かして社員を増やした。このころ、父は熱海の旅館で別の女性と住み込みで働いていた。古い職人のため起業時に声をかけなかったが、兄弟は事業が伸びるなかで父に生活費を渡すようになった。父は女性と移った川崎市のアパートで亡くなったが、最後まで酒をやめなかった。

■「なぜ兄は決めないのか」

兄弟の事業は順調に伸び、会社は少し広い世田谷区の車庫に移った。兄弟仲もよかったが、梅原氏は次第に兄といっしょに経営するのが苦痛になっていた。一つは決断のスピード。

「なぜこんなことを決めないのかということも、兄は決めなかった」。採用や設備投資も業務が忙しくなってから動き始めるため、業務の停滞を招いた。「私なら忙しくなる前に採用も設備投資もするが、兄は違った。兄は一見常識的かもしれないが、それでは事業を伸ばせない」。世田谷の本社工場は窓が1カ所しかなかったため職場環境は厳しく、加工で発生した金属粉がいつも机に積もった。梅原氏は「体を壊すから移ろう」と提案したが、兄はやはり動かなかった。兄が社長である以上細かなことも相談したが、判断は遅く梅原氏は「時間のムダ。自分で決めたい」と考え始めた。

別の思いもあった。兄は梅原氏を自分と同じに処遇し、給料も車もマイホームを購入する金額も同じだった。ありがたいと思った梅原氏は次世代も仲よくしてほしいと考えた。兄が長男の名前に「一」の字を入れていたため、梅原氏の子どもが生まれたときには長男にもかかわらず名前に「二」の字を入れたほどだった。だが、兄は次男が生まれたころから次第に「オレの会社だから、次はオレの子たち」という態度が目立つようになり、違和感を抱いた。

どうしたら円滑に兄と別れられるかの策を練り、頭に浮かんだのが業務による分割だった。カムの営業、設計、製造の3段階のうち、取り組みやすい営業と設計は兄に任せ、手間や設備資金のかかる製造を自分が担当する形で会社を2つに分割。利益などは折半すれば兄にとって有利だから、別れてくれるのではないか――。それでも、公平な処遇にこだわってきた兄に自分から「別れよう」とは言い出せなかった。そこでことあるごとに口げんかをしかけ、兄に「荒れているから嫌だ」と思わせようとしたほどだった。

決定的だったのは、当時先端のNC旋盤の導入で意見が分かれたこと。アナログだった作業はNC旋盤でコンピューターによるデジタルに代わろうとしていた。梅原氏は「いずれデジタルになる以上、すぐに導入したい」と提案。しかし、家1軒が500万円ほどの時代に2000万円したNC旋盤に対し、兄は「まだ早い」と言うばかりだった。考え方の違いは埋めようがなく、兄はとうとう「勝彦、別れよう」と告げた。構想通りに事業を分割し、6人の社員も3人ずつに分かれた。どろどろしたところはなく、お互い納得した形で兄弟での事業に5年で終止符を打った。梅原氏は70年、エーワン精密を設立。兄は渋谷のマンションに移り、製造を担う梅原氏が工場を引き継いだ。最初に取り組んだのは、金属粉用の集じん機の導入。職場環境を改善することとNC旋盤の導入も決め、経営スピードを一気に上げた。

工場には兄の会社となったミツワ製作所の看板も依然として出していた。このため、誤解して訪問する取引先があった。社員もエーワン精密で働いている自覚が薄かった。梅原氏は間もなく移転を決断。周囲から「焦りすぎ」との声もあったが、府中市に会社を移した。

カム事業は兄と別れてからも好調だった。しかし、梅原氏は「カムはアナログ向け。NC旋盤の登場で次第に需要が減る」と予測した。次の事業として着目したのが、材料をつかむ工具のコレットチャック。アナログでもデジタルでも使ううえ、メーカー品はやはり高額で納期が遅かった。製造方法を知らなかったが、梅原氏はカムの利益を投入して山梨県韮崎市に新工場を建設。先を見た投資で余裕を持って技術開発に取り組んだ。さらに、宅配便とファクスも活用して流通コストを抑え、主力事業に育てた。手形は最初から使わず、収益を高めると同時にムダなコストを省き無借金経営を実践。「自分で決めたからできた。兄といっしょだったら、今の会社はない。別れて本当によかった」

兄とは別れてからもそれ以前の仕事を分業したため、毎日のように電話でやりとりした。兄弟で経営したころの取引先は兄が引き継いだが、やがて梅原氏に直接発注する会社も出てきた。兄は取引先の判断を尊重する半面、「このままでは全部弟にいくのではないか」と不安を抱き、自分でも工場を立ち上げた。価格競争こそしなかったが、同業のライバルとなったことで、兄弟の仲は次第に悪くなった。梅原氏がコレットチャックに進出して成功するのをみて、兄がエーワン精密の社員を引き抜くこともあった。お互いに口を利かなくなり、会わない日々が10年ほど続いた。

兄は結局、コレットチャックと違う分野に進出したが、うまくいかなかった。資金繰りが悪化し、周囲に誘われるまま融通手形を切った。手形を乱発するなか、以前からの仕事に対して兄が支払いに回した手形で梅原氏が損害を受けることもあった。渋谷から品川に会社を移した兄はある日、府中の梅原氏を訪ね「合併しよう。自分は相談役でいいからまたいっしょにやろう」と持ちかけた。しかし、手形を使わず無借金経営の梅原氏は「お金の感覚が違う。会社が汚れるからダメだ」と断った。姉からは「兄を助けてほしい」と頼まれたが、受け入れなかった。兄の生活費は補助したが、毎月数百万円の赤字を出す会社を救済する意思はなかった。兄の会社は最終的に倒産し、担保に入っていたマイホームは人手にわたった。

一軒家からアパートに引っ越すことになった兄を、梅原氏は妻と手伝いにいった。妻を連れて行ったのは「商売をつぶすと、社長はこうなる」と知ってほしかったからだった。転居先は2部屋だけで、それまで一軒家にあった荷物が入りきらないほどだった。「どうやって寝るのか」と思ったが、聞けなかった。兄は家を失った後も、銀行への支払いが20年ほど続いた。支払いが終わったのは比較的最近のことだ。

他人に継いでもらうため、いい会社に

梅原氏はエーワン精密にファミリーを入社させなかった。それどころか、妻は創業以来、1回しか会社に来たことがない。本社を現在地に移す前の夜、社員がいない時間を見計らって梅原氏と見に来たことがあるだけだ。二男一女に恵まれたが、子どもは会社に1回も来たことがない。家と会社の敷地は別で家庭で仕事の話をしないため、子どもたちは小学生のころ、父が社長だと知らなかった。長男は高校生になったとき、「本当に継がなくていいのか」と聞いたが、梅原氏は「好きなことをすればいい」と明言した。

同族企業にしないことは実は創業時から決めていた。それまでさまざまな同族経営を見たが、「ファミリーの子弟にこだわれば、後継者は数人に絞られるが、他人が継ぐならば選択肢はずっと大きい」と思った。ただし、他人に任せる以上、いい会社でなければ誰も引き継がない。そこで収益力の向上や公私の区別にこだわった。「世襲する気持ちがなかったから、

上場までいけたのだと思う」と振り返る。株式公開後、その過程で知り合った証券会社出身者に社長を引き継いだ。エーワン精密では非同族にこだわったが、同族経営自体を否定しているわけではないという。命がけで会社を守ろうとするのはやはりファミリーであり、企業規模が大きくない場合には社員に納得感が出やすい、とも思う。「それでも私は12歳から働いてきたので、早く仕事から解放されたい気持ちがあった。家族が継いだら、私は一生会社から解放されない。また、何十年も社長を務め大変さはわかっているから、同じ思いを自分の子どもにさせたくなかった」。だからこそ、次世代で会社と家族がお互いに影響を与えないように気を配る。創業者として持つエーワン精密の株式については「相続するもよし、処分するもよし。自分で決めてほしい」と記した遺言書をつくった。税理士から「もったいない」と言われるが、特別な相続対策をするつもりはない。

父の手紙に書いてあったこと

長い経営者人生のなかでは、悩みに悩んでうつ状態になったこともあった。明け方に琴を奏でながら自分だけの確かな時間を持ち、中国の古典を読みリーダーとしてのあり方を考えてきた。兄とは今では良好な関係にあり、ときどき電話で話す。同業として険悪だった日々は遠く、子どものころの関係に戻った。

数年前、梅原氏が費用を負担し、兄と2人で鹿児島を再訪した。当時と同じにするために飛行機は使わず、列車だけで向かった。新幹線が広島駅を通り過ぎるころ、兄はそのときに見た焼け野原の風景を思い出し、感慨深そうだった。幼かった梅原氏にはその記憶はなかった。鹿児島に到着し、かつて預けられた親戚宅の周辺に向かった。そのとき、梅原氏はなぜあのとき時間のかかる海側を通ったのか尋ねた。兄はそのときのことを覚えていた。「父から持たされた手紙に『3人を預かってくれ』と書いてあるのを知っていたのは自分だけだった。切符は片道で、父からの養育費はない。行きたくなかったから遠回りした」と兄は言った。無邪気な妹と弟を連れて見知らぬ土地に向かう兄。その気持ちが、本当にいろいろなことがあった70年あまりのときを経て、梅原氏には確かに伝わった。

第2章

世代交代はもろ刃の剣

——次の成長の好機か消滅への道か

ジャパネットたかた 息子後継は「世襲ではない」

同族経営はトップの引き際が特に難しいといわれる。通販大手のジャパネットたかた（長崎県佐世保市）創業者の高田明氏は、30代の息子に社長を交代すると同時にすべての役職を離れた。甲高い声の独特の語り口で「ジャパネットたかたの顔」として、20年以上同社のテレビショッピングに出演してきた高田氏。番組からの引退も表明し、一部を除いてテレビ画面からも姿を消している。

番組引退前の2015年は執務時間のほとんどを佐世保市の本社に構えた番組の撮影スタジオですごした。東京に持つ自社スタジオのスタッフも佐世保に集結させ、番組づくりの勘所を直接伝えた。詳細な台本をつくらず、現場で表現を練り上げるのが高田流。厳しい言葉も交えながら、培ってきた伝え方の極意をスタッフに植えつけた。

番組引退に先立つ15年1月15日、高田氏は66歳でジャパネットたかたの経営から身を引いた。後継者に選んだのは30代半ばの長男、旭人氏。この日を境に高田氏は役職を離れ、旭人氏を中心とした新しい経営陣に全てを任せた。会議などにも出席しなくなった。

同族経営で難しいのが、経営者の引き際だ。交代時期の遅れや先代の口出しなどは非同族企業にも共通する課題。ただし、同族会社は世代を超えて事業を引き継ぐ分、トラブルが目に付く。例えば、高齢の先代が実権を離さないために後継者への引き継ぎが遅れ、改革を遅れる会社がある。創業者が「わが子」よりも「わが社」をかわいがり、経営権をめぐって親子が争うこともある。これに対し、ジャパネットたかたの場合、高田氏は60代で経営から身をひき、30代の息子の方針に口出しをしない道を選択した。高田氏は理由を「任せる側が覚悟を決めなければ、任されたほうも覚悟できない。だから、まず私が覚悟を決め、新体制を信じて100%任せた。不安はゼロでないが、期待のほうがはるかに大きい」と話す。そして、これまでと別の生き方に踏み出す受け皿として、退任と同時に個人会社を立ち上げた。目指すのは一身二生の生き方だ。

引き際についての姿勢は妻と重なる。あまり知られていないが、振り返れば妻と二人三脚で歩んできた起業家人生だった。父のカメラ店から1986年に独立し、90年にラジオ、94年にテレビの通信販売に進出。副社長の妻はいつもそばにいて、2人の絆が成長の原動力になった。家族的な社風をつくる一方、使うお金は公私の区別にこだわった。妻がメディアに出なかった分、高田氏は自ら通販番組に出演して会社の知名度を高めた。華やかなスタジオと同時にコールセンターや物流拠点を地道に整備し、一代で売上高1500億円を超える事業を築いた。高田氏が引退を決める数年前、妻は「引くべきときがきた。会社での自分の役割は終わり、これからの生き方をまた探したい」といって会社を去った。高田氏は「何年か遅れただけで、退任のありかたは妻と同じだ」と話す。

夫婦経営を実践したが、親子間の事業承継は最初から考えていたわけではない。高田家には旭人氏のほか2人の娘がいる。1階がカメラ店、2階が自宅という環境で育った3人は幼いときから自立心が強い。いずれも中学進学を契機に親元を離れ、寮生活を送りつつ福岡、関西の学校で学んだ。高田氏と親子だと周囲に明かさず、大学を自分で選び卒業後、それぞれ目指す道を進んだ。旭人氏は証券会社を経て米国に留学。転機は04年、ジャパネットたかたで起きた顧客情報の流出だった。約50日間営業を自粛する危機に、ちょうど帰国中だった旭人氏は迅速に動き高田氏をサポート。これをきっかけに入社すると、高田氏はコールセンターの責任者などを任せた。高田氏は60歳になったころ、事業承継が頭をよぎるようになった。だが、後継者は決まらず、漠然と優秀な人が継ぐべきだと考えるだけだった。

踏み出すきっかけは主力商品だったテレビの販売不振だ。12年12月期の売上高は2期前と比べて約６００億円ダウン。再び成長に踏み出すため、「13年度に過去最高益を更新できなければ、社長を辞める」と宣言した。このとき旭人氏は会社の将来をめぐり、ときには高田氏と激しく議論。１商品を24時間限定で徹底販売する「チャレンジデー」を高田氏の反対を押し切って実施し、成果を上げた。目標に向かって若手を引っ張る旭人氏に、高田氏は「期待と夢が持てた。10年以上同じ仕事に真剣に向き合ったし、そろそろ交代していいかなという気持ちになった」と振り返る。新しい商材の開拓もあり、最終的に最高益の目標を達成。留任のはずだが、息子を後継者に決めた高田氏は２年後に退任すると表明し、社員を驚かせた。引き継ぎが順調に進むなか、交代を１年前倒し15年１月に社長を譲った。

高田氏は「後継者選びは息子ありきでなかったが、息子を最初から排除する必要もないと思った。親としてという部分を抜きにして、息子の思いと力に任せれば、皆を守っていけると判断した。世襲で選んだのではなく、優秀だから決めた」と話す。後継者の選出に時間をかける一方、株の引き継ぎは早くから進めた。「自由な経営判断を続けるにはオーナーを続けたほうがいい」と考え、8年ほど前、妻とともに株の大半を息子に渡した。この時点では経営と所有が分離する可能性はあったが、高田氏は「それでもいい」と思った。

旭人氏は高田氏と違いテレビ通販番組などに登場しないが、社長に就任すると改革の手を矢継ぎ早に打った。組織を見直し、持ち株会社の下に事業会社を置く体制に移行。「たかた」が入るのは制作などを担う1社だけとなった。企業ロゴを一新し、オフィスにはフリーアドレスを導入。社員が毎年、9連休を取得する仕組みを取り入れた。

若い旭人氏は大きな決断を前にしたとき、迷いが生じるケースも出てくる。このため交代したころには、父と息子は月1回のペースで、2人でざっくばらんに話す時間を設けた。旭人氏は東京にいることが多く、テレビ会議の画面を通じて1~2時間かけてじっくり語り合った。様々なことをテーマにしながら、最終的に決めるのは社長。事業を子ども世代に渡した高田氏は「66歳からの生き方をこれまで通り走りながら考えていきたい」。2017年4月には地元長崎県に本拠地を置くサッカーJ2、V・ファーレン長崎の社長に就任した。

タビオ創業会長が語る父から息子に社長を渡すコツ

「息子とは父の言うことに耳を貸さないもの。自分もそうだったから、あれこれ言うのをやめにした」。タビオ創業者で会長を務める越智直正氏は長男、勝寛氏への事業承継をこう振り返る。愛媛県西条市出身。大阪に出て60年以上になるが、口調はふるさとの言葉が強い。本社を置く大阪・ミナミの高層ビルは原則禁煙のため、ガラスで仕切られた会長室内に大型空気洗浄機を設置して自分のスタイルを守る。たたき上げの創業者らしい個性が際立つが、事業承継の過程では自分の考えを押しつけなかった。

タビオは靴下の企画・販売会社。「靴下屋」など専門店を直営、フランチャイズチェーン（FC）を合わせて約300カ所展開している。国内だけでなく、海外にも進出しており、パリやロンドンに店舗を持つ。2017年2月期の売上高は約158億円。東証2部に上場している。

１９３９年生まれの越智氏は11人兄弟の末っ子。実家は農業で中学を卒業するとすぐ、大阪・鶴橋の奥まった場所にある狭い靴下問屋へ。戦後の名残が残る街での修業は厳しく、原点を知ってもらうため今もその地に社員をときどき連れて行く。靴下を歯でかみ、フィット感を確かめる方法をたたき込まれたのはここでの修業中。「赤ん坊に対するようにやさしくかむ。１分30秒間呼吸を止めなければならず、練習では水を張った洗面器に先輩から頭を押さえつけられた」。テレビ局が来ると今も頼まれるが、息が続かなくなったため、もうできない。それだけ靴下に真剣に向き合い、人生をささげてきた。

68年に独立して創業。翌年には長男が生まれた。農家生まれの越智氏にとっては家業を長男が継ぐのは当たり前のこと。幼いときから「抵抗感を持たなくなるほど、会社の跡取りだと言い続けた」という。２人の娘にも恵まれた。一方、継がせるはずの事業はなかなか軌道に乗らなかった。当初から資金繰りに余裕がなかったうえ、70年代後半に入ると「３足１０００円」といった靴下の廉売競争が激化。越智氏は品質重視で価格を守ろうと努めたものの、影響は小さくなかった。昼も夜もなく働いたが、睡眠は毎日３時間がやっと。それでも経営が不安定だったため、一家は風呂なしのアパートに住み続けた。会社に近かったが、息子も娘も子どものころにはあえて連れて行かなかった。「会社を見て嫌だと言われたら困るから。実際、そういう可能性が高い会社だった」

転機は事業構造を見直し、婦人物の靴下に力を入れたことだった。婦人服専門店との取引開始を契機にして順調に売り上げを拡大。一家は越智氏が40歳のとき、風呂つきのアパートに移った。越智氏にとっては愛媛から大阪に出て来てから初めての「家に風呂のある生活」だった。事業基盤がようやく固まるなか、41歳になると銀行からある程度のお金が借りられるようになった。「不動産があったら、もっと貸せる」と聞き、マイホームを購入。それまで家族旅行に行ったことがなかったが、初めて皆でピクニックに出かけた。43歳になった82年には、納得できる販売を実践するため、小売りに進出した。

25歳までは好きなようにさせる

上場を意識するようになったのは84年にＦＣ展開を始めるにあたり、店名を決めるとき。英語にしたいと自分で和英辞典を買い、周囲の外国語大学の出身者にもアイデアを求めた。

それでも、デザイナーの女性社員は「靴下屋がかわいい」。「私に対するイメージではないかと聞き返したが、そうでないという。この名にする以上、靴下業界を背負うと覚悟し、上場を目指そうと決めた」

それでも事業を長男が引き継ぐ構想に変わりはなかった。一方、長男は大学に入学するとドラマーや作曲家として音楽活動に力を入れ、プロを目指すようになった。越智氏は慌てなかった。「聴いてほしいというので車で流したら、やかましい音楽でわからなかった。自分にこうした才能はないし長男にもないと思った」。25歳までに芽が出なければ目指す世界で生きるのは難しいと説いたうえで、それまでは好きなようにさせた。

長男が25歳になった日、越智氏は「きょうからは私が決めた修業先に行ってこい」と宣言。幼いころから後継者だと言い続け、目指す方向に挑む猶予も与えたためか、長男は素直に受け入れた。修業先は旧知の社長の化粧品会社。多様な商品を手がけており、「私は靴下にほれすぎ、気に入らない人に売らないこともあった。息子には多様な商品、オープンな姿勢を身につけてほしかった」。担当などは一任したものの、息子の様子は気になって仕方がなかった。このため、修業先の研修会をこっそり訪ねたこともあった。

数年後、長男は父の会社に入社し、商品部に配属。「私にとって経営とは商品の研究。会社を継ぐ以上、商品の見分けができなければならない」。本格的に後継者としての道を歩み始めた息子を前に、越智氏は気づいたことがあったら、どんどん伝えていこうと考えた。自分のそれまで培った知識や経験を丁寧に伝えようとも思った。

しかし、そんなやり方をしたのは3カ月ほどだけだった。「私だけでなく、父親というのは息子に何かを言うときには皆、必死で言っている。にもかかわらず息子はといえば、父親の言葉を聞いていないもの。自分が若いころを振り返れば、私も『父の言うことは聞かない』と、感じていた」と越智氏は話す。息子は自立したら父親の検察官になり、独立したら裁判官になる——。そんな言葉も思い出し結局、息子に対して気づいたことを言うのをやめにした。その代わりに、息子には好きなようにさせなければいけない、と思うようになった。抵抗感はなかったという。「入社3カ月以降は、100のうち10も言っていない。長男に聞いたら、そうは言わないかもしれないが」と越智氏は笑う。実際、2006年には長男の提案によって社名を現在のタビオに変更。「旧社名では私が初代だが、タビオでは長男が初代になった。私のまねをする必要はない」

社長を譲ったのは創業40年となった08年だった。それ以前の2000年にタビオは株式公開を実現していた。このため、上場企業での親から子への事業の引き継ぎとなったが、越智氏にとっては自然なことだったという。「長男が生まれてから決めていたのでそれ以上考えられないし、悩まなかった。賢い人はいろいろ高級なことを言ったかもしれないが、そんなことは何も気にならなかった」

古典の言葉をそっと渡す

中学を出て働き始めた越智氏は独学で中国などの古典を読むようになり、起業後は経営の参考にしてきた。「2000年以上前のことが語り継がれているのは真理があるから。古典を通じて判断のバックボーンができた」と話す。ただし、父と息子の距離感に考えを持つ越智氏は、長男に古典を読むように促したことはない。その代わり、ときどき古典の言葉を抜き書きしてさっと渡してきた。例えば、長男が社長就任後、古参の幹部とのつき合い方に悩んでいると察したときには兵法書『三略』から「それ主将の法は、務めて英雄の心をとり、有功を賞禄《しょうろく》し、志を衆に通ず」と書いて渡した。古典を通して「年齢差があっても心をつかまなければならない」とメッセージを送った。

2人の娘は父の会社に入社後、ともに社員と結婚。夫はそれぞれ幹部を務める。会社の将来について、越智氏はファミリーが力を合わせることが発展につながる、と考える。一時、発行株式の5割ほどあった越智氏の持ち分は3分割して長男と2人の娘にそれぞれ渡した。「あえて3人が力を合わせないと成り立たない形にしている。3本の矢のように協力して会社を発展させてほしい」

経営の最終判断は越智氏が下すが、最近は販売を息子や社員に任せて製造に力を注ぐ。毎朝3時に起床すると、すぐにパソコンで前日の商品データをチェック。奈良にある協力工場の納品率を特にじっくり確認する。7時に大阪の本社に出社してから協力工場に向かうことも多い。国内の加工機メーカーの撤退が進むなか、越智氏はものづくりに強い危機感を持つ。一足先に世代交代した工場の後継者にとっては「もう一人の父のように」うるさい存在だと自覚している。「丁寧に話しているつもりでも、『何か言える雰囲気にない』と言われることもある」ほど。靴下への情熱を次の世代に伝える毎日だ。

トヨタ社長が共感する年輪経営は「ファミリーの意識づけ」が礎

トヨタ自動車社長の豊田章男氏が雑誌の対談で「いろいろなことを学ばせていただいています」という中小企業の経営者が日本アルプスを臨む、緑豊かな地にいる。寒天メーカー、伊那食品工業（長野県伊那市）会長の塚越寛氏だ。時間をかけて持続的に少しずつ成長する「年輪経営」を実践。そこには長期的な視点から事業を見つめる同族経営のよさを生かしてきた。

遅乗り競争のように進む

豊田氏と親交がある塚越氏はこれまでトヨタグループの何千人もの社員を前に何度も講演してきた。本社がある伊那市は東京から特急と普通列車を乗り継いで約3時間30分。便利な場所といえないが、全国から企業トップが塚越氏の話を聞くために訪れる。日本銀行総裁の黒田東彦氏らも視察にきた。豊田氏をはじめとした経営者や各界のリーダーを引きつけるのが、塚越氏が何十年も行ってきた年輪経営だ。

伊那食品工業は48期連続で増収増益した実績を持つ。木が年輪を重ねながら大きくなるように、企業は少しずつ確実に成長していくべきだ――。塚越氏は自らの経営哲学を著書『リストラなしの「年輪経営」』にこう記した。急成長を目指すのでなく、ゆっくりした積み重ねを重視する姿勢は幅広い共感を集め、ベストセラーとなった。途切れることのない持続的な成長を塚越氏は「ちょうど自転車の遅乗り競争のようなもの」とも表現する。無理に成長しない分、研究開発にじっくり取り組み、寒天の用途を食品以外の材料分野などにも拡大。社員の採用は毎年着実に実施し、地域社会への継続的な投資も行ってきた。それだけに四半期ごとの業績を問う風潮に、塚越氏は懐疑的だ。「100年後に今の時代を振り返ったら、どうしてそんなことにこだわっていたのか、と思うに違いない。企業ランキングにしても、そうだ。永続していくべき存在である企業に対して、なぜ期間を区切って順位をつけるのか。私にはわからない」

培ってきた年輪経営と重なり合うのが、長期的な視点から事業を考えやすい同族経営だ。塚越氏によると、サラリーマン経営者は自分の代で何をしたかを示そうとするあまり、会社の永続よりも自己顕示欲を優先しがちな面がある。その結果、トップが交代したとたんに業績が落ちることも少なくない。一方、同族企業の場合、後継者がファミリーの出身であることを周囲はよく知っている。このため、後継者はわざわざ自分の存在感を誇示する必要がない。しかも、祖父や父が苦労して会社をつくってきた姿を見ている分、できるだけいい形で次の世代に引き継ぎたいという思いを持ちやすい、とみる。

伊那食品工業には、事業を見守る2つのファミリーがある。交流を深める豊田氏もやはり創業家の出身だ。塚越氏は「一般に同族企業には会社を永続させるという価値観が最初からあり、それは年輪経営と重なっていると思う」と強調する。企業規模や業種のカベを越え、その特質を生かすことが企業の発展につながると考えている。

ただし、同族出身の経営者であっても、ときには自己顕示欲の強さから利益優先がいきすぎることがある。またファミリー間で対立が起きることもある。このため、同族経営がマイナスにならないためには、それぞれのファミリーメンバーに対してしっかりした意識づけが大切になってくる。伊那食品工業の場合、それが「いい会社をつくりましょう～たくましくそして やさしく～」という社是だ。塚越氏にとって「いい会社」とは、何よりも社員が幸せになる会社を指す。決して利益をやみくもに追求する組織ではない。人に喜ばれる仕事を積み重ね、会社のファンを増やすことが経営の安定を生む。やさしさを持って、たくましく稼ぐことが幸せにつながっていく、と説く。「社是はことあるごとに語っている。こうして意識づけができれば、同族経営の場合、次の世代は経営者とはどうあるべきなのかをおのずと自分で勉強する。だから、後継者を育てる環境として同族的な経営のほうがいいのではないか」と塚越氏は話す。

幸せにこだわる原点は、10代のころにさかのぼる。塚越氏は肺結核の治療で入院が続くなかで、死と向き合う日々をすごした。物事を根本にさかのぼって考えるうちに、やがて「人生は1度しかない。だから、幸せでなければ意味がない」と気づいた。思いはそれ以来変わらず、かかわる人を皆幸せにすることが経営の根幹にあるという。

成長すると世の中がよくなる、が理想に

伊那食品工業が終身雇用制と年功序列を堅持しているのもこのためだ。リストラとは無縁であり、給料やボーナスは年齢とともに毎年少しずつ上がっていく。経済情勢の変化のなかで雇用形態や給料体系を見直してきた企業は多いが、塚越氏の考えは違う。社員は安定した生活を送れるからこそやさしさをもって人のためになれるし、モチベーションを持って仕事に臨めると信じている。幸せになることが企業の目的である以上、病気の社員がいたら医師や病院を探して紹介するのは、塚越氏にとっては当たり前。社員の家が火事に遭ったとき、会社のお金で家を建てたこともある。

緑豊かな本社の敷地は「かんてんぱぱガーデン」として一般に公開。幸せを重視する考え方は、社外に向かってもどんどん広がっている。豊田氏は塚越氏との雑誌での対談で「『トヨタが成長すると世の中がよくなる』と言っていただけるようなものが理想」と話している。塚越氏は確信を込めて静かに語る。「多くの企業はこれまでもうけることを大事にしすぎてきたのではないか。しかし、そろそろ流れが変わる」

私財10億円、30年費やし酒蔵をバイオ企業に変えた執念

ファミリービジネスは長期的な視点を持って事業に取り組む点に強みがあるといわれる。勇心酒造（香川県綾川町）はかつて、どこにでもある中小の酒蔵だった。社長の徳山孝氏は約30年赤字を続けながらも毎年約1億円、合わせて約36億円を投じて研究開発を継続。独自技術を持つバイオ企業に脱皮させた。そのために先祖伝来の土地はほぼすべて売り、10億円以上の私財を投入。四半期ごとの目標達成に追われる非同族企業のサラリーマン社長と違う超長期的な視点と資金繰りで大胆な事業転換を果たした。

勇心酒造が手がける技術は発酵・醸造がベース。「バイオ企業といっても、遺伝子組み換えなどの西洋型バイオでなく発酵・醸造の日本型バイオ」（徳山氏）。主力の「ライスパワーNo.11」はコメから独自の発酵でつくるエキスで、開発には基礎研究から積み上げた。皮膚の

水分保持機能の改善に役立ち、戦後、医薬部外品制度ができてから初めて認められた新規効能となった。大手メーカーなどへのＯＥＭ（相手先ブランドによる生産）のほか、自社ブランドの化粧品などを販売。一時８人だった社員は１１５人に増加。徳山氏が引き継いだとき1億円強だった売上高は約46億円（２０１７年6月期）に伸びた。

華やかな新事業が目立つが、ここまでの道のりは険しかった。江戸時代の安政年間に創業の勇心酒造は、酒蔵として四国有数の歴史を持つ。かつては地元で広く飲まれ、経営を担う徳山家は田畑や塩田を多数、所有していた。旧家らしく「積善の家に余慶あり」（役立つことをしたり、役立つものをつくったりすれば、よろこびとなって返ってくる）、「不義にして富まず」（道に外れたことで利益を上げてもうまくいかない）といった家訓を代々伝え、地域ではさまざまな役を任されてきた。

父から「将来は跡取り」と子どものころから言われて育った徳山氏にとって、家業は「継ぐのは当たり前」。高校時代は歴史に興味を持ったが、父の意向で醸造と関係が深い生物化学を学ぶため東北大学に進学。卒業後は東京大学の大学院でさらに生物化学を学んだ。一方で歴史への興味も続き、公害が社会問題化する世相のなか、関心は人類史や文明のあり方におよんだ。それが生物学と結びつき、徳山氏は次第に「自然と人間が調和して生きる大切さ」や「人間も自然の一員であり、生かされている」ことを意識するようになった。こうした自然観は徳山氏にとっては先祖の家訓とも重なり、その後一貫して物事を考えるベースとなる。今も「文明とは」「生物とは」と理路整然と語る姿は事業家よりも研究者に近い。このため、周囲から「宇宙人」と呼ばれたこともあるが、徳山氏は「自らの哲学、理念を持ったことは、ファミリービジネスの長期的な視点と並び、困難な研究を継続する原動力になった」と振り返る。

国税庁醸造試験所（現・酒類総合研究所）で2年間勤務した後、香川に戻って家業に入った。１９７２年に30代で父から経営を引き継いだとき、日本酒市場は販売量では成長段階にあった。しかし、収益性には陰りが出始めており、家業は徳山氏が引き継いだ初年から赤字だった。危機感を持った徳山氏は自らの哲学、理念に基づいて事業を見つめた結果、「微生物の力を借りる酒蔵の技術を生かし、まだ知らないコメの力を引き出せば新しい製品ができるのではないか」と考えるようになった。事業とは徳山氏にとって「『生かされている』を製品を通じてわかってもらう」ことでもあった。

ここから昼間は得意先を回って日本酒を売り、帰宅後に深夜0時、1時まで自宅の離れの台所に立ち、研究開発に没頭する日々が始まった。ポイントは発酵の条件。最初は「赤字の酒蔵よりも研究のほうが近道」とみていたが、甘くなかった。次第に開発にあてる時間が増え、日本酒の販売に手が回らない面が出た。試行錯誤を経て77年、魚の臭みを消しながらうまみを引き出す独自の調味料が完成。有力メーカーへの供給が決定し、毎年数千万円の売り上げとなった。だが研究開発を先行していたため、勇心酒造は赤字のままだった。

一方、日本酒市場は長期的な低迷に入り、勇心酒造も80年代に入り、販売量が減少に転じた。早くからビール卸なども手がけたが借金は積み重なるばかりで、徳山氏が先祖伝来の土地を切り売りする状況に追い込まれた。父に打ち明けると、「代を替わったのだから、跡取りとして好きにすればいい」と任せてくれた。同族経営はときとして先代の口出しが世代間の深刻な対立を生むが、勇心酒造の場合、父は亡くなるまで黙って見守った。「自分の理念、哲学を優先できたのはファミリーによるビジネスだったから」と徳山氏は話す。弟も家業に加わり、専務としてそばで支えた。

調味料での経験は徳山氏に「発酵技術を使えば、日本酒以外もつくれる」自信をもたらした。商品寄りだった研究開発を80年代前半には基礎分野にシフト。その成果を生かしてコメ由来の入浴剤ができると、温浴効果で医薬部外品の承認を受けた。88年に製品化。徳山氏は自らの哲学、理念が間違っていないと確信を深めたが、開発コストは重く会社は依然として赤字だった。親戚からは「酒を売らないで、研究ばかりしている」とあきれる声が間接的にいくつも聞こえた。周囲からは「あの会社は大丈夫か」と心配する見方があった。それでも徳山氏は気にしなかった。「自分の考えを実証して、社会的な成果につなげよう」と、私財を使いながら毎年1億円ほどの研究開発費を投じ続けた。

主力のライスパワーNo.11は90年代に入るころから研究開発に着手。ここからがさらにたいへんだった。新工場建設で借り入れを広げたばかりの95年、当時のメーンバンクがバブル崩壊で経営破綻。資金繰りが綱渡り状態となり、徳山氏は借金の返済のために奔走した。香川県坂出市の土地1万3000平方メートル、同県丸亀市の6600平方メートルなど、事業を引き継いでから売った土地の総額は10億円以上に達した。残ったのは自宅敷地だけ。ファミリーが長時間をかけて築いた資産は底をつこうとしていた。

にもかかわらず、事業化が進まなかった。ライスパワーNo.11は95年、医薬部外品の新規効能の承認を申請。しかし、薬害エイズ事件の余波と重なったこともあり、承認には時間がかかった。「10年ほどで何とかなるのではないか」と考えていた基礎研究のスタートから約20年が経過。ライスパワーNo.11に取り組み始めてからも10年になろうとしていた。さすがにこのころになると、「結果が出なかったら、家業はなくなる」という不安が徳山氏の頭をよぎるようになった。２０００年には納入業者への支払いが行き詰まり、「もうここまでか」というところまできた。窮地を救ったのは同じ酒蔵の後継者だった。学生時代からの友人でもあり、徳山氏の取り組みに深く共感し、手を差しのべた。研究への評価からサポートを申し出る取引先や金融機関もあり、大学の研究者は「この会社には夢がある」と協力した。徳山氏は国の補助金なども活用しながら研究開発を継続。ライスパワーNo.11は01年、ようやく医薬部外品として新規効能の承認を得た。

その反響は大きかった。04年に大手メーカーが化粧品に配合すると、大ヒットとなった。徳山氏が社長を継いで以来、約30年赤字だった勇心酒造は一気に黒字となり、業績が拡大。長い時間をかけた研究開発がとうとう花開いた。「長期的な視点で考える同族企業でなければ、今の形に変わることはできなかった」と徳山氏は話す。長い経営者人生では、独自の研究データを部外者に持ち出されたことや会社を乗っ取られそうになったこともあった。それでもその都度、乗り切った。自分の哲学、理念を追求しながら、老舗の後継者として事業を次のステージに導いた。

勇心酒造はライスパワー№11以外にもさまざまなライスパワーエキスの研究開発を進めている。バイオ企業として知名度は高まり、地方に本社を置く中小企業にもかかわらず、東京大学や東京工業大学からも人材が集まる。社内には長男、三男がいてそれぞれの役割を果たす。経営者の実務は14年7月から長男に任せている。

日本酒が売上高に占める比率は現在では1％以下。それでも徳山氏は社名から「酒造」をはずす考えはない。「酒蔵であることがこの会社の基本だから、これからも酒造にこだわりたいし、社名からもはずさない。日本酒には日本人の自然観が表れており、発酵・醸造の教科書だと思う」。バイオ企業に転換しても、酒蔵の誇りをずっと引き継いでいく。

第3章

後継者難の時代、家業を継ぐ哲学

――個人の夢と家への思い

ダウンタウン元マネジャー お笑いから家業へ

アウトドア用品を手がけるロゴスコーポレーション（大阪市）の副社長、柴田晋吾氏はお笑いコンビ、ダウンタウンの浜田雅功さんの元マネジャー。父が社長を務めるロゴスに入社後は「お笑いもアウトドアもエンタメ」と、異色のキャリアを生かす。

ロゴスはアウトドアの入門者向けブランドとして知られる。主力はテントやバーベキューグリルなどで、自社で企画した商品を海外の協力工場で生産。スポーツ専門店やホームセンターで販売するほか、約40カ所の直営店を持つ。柴田氏にとってロゴスは子どものころから身近であり「中学1年までナイキ、アディダスと並ぶ世界3大スポーツブランドの一つと思っていたほど」。創業者は柴田氏の曽祖父で、祖父の代まで船具が主体だった。父が入社後、アウトドア用品をスタート。アイデアマンである父は商品開発の先頭に立ち、事業転換を実現した。

柴田氏が子どものころ、父は多忙だった。柴田氏が母とロゴスのファミリーセールに顔を出すと、父は汗まみれで、着ていたポロシャツが汗染みで白くなっていた。母に「それだけ頑張っている」と聞き、「めちゃめちゃかっこいい」と思った。父と遊べるのは商品テストを兼ねたキャンプだけ。朝4時ごろに起床し、家族で琵琶湖近くのキャンプ場に向かった。

高校から父と同じ同志社大学の系列校に進むとラグビー部へ。なかなか試合に出られなかったが、自他ともに認めるポジティブな性格の柴田氏は全然めげなかった。高校3年のとき、「あと1勝で春の大阪府大会で優勝」という試合で初出場。しかし「終了間際に1プレーしただけ。しかも負けた」。同大に進学後もラグビーを続け、2回生で1軍の練習に参加するチャンスを得た。だが、このときは「メンバーに日本代表がいてスクラムを組んだら、5分で腰を痛めて離脱」。4年間で1軍はそのときだけだったが、「チームプレーが好きだし、いつか出られるのではと思っていたから、楽しかった」と振り返る。

ロゴスはこのころ、売掛金が入らず経営が厳しい時期があった。父は「一気にI字回復する」と宣言。物流改革をテコに業績を回復させた。父を「かっこいい」と思う気持ちは、いつしか「いっしょに仕事したい」思いに変わったが、大学を出てすぐにロゴスに入ろうとは思わなかった。理由の1つは業界のトップ企業で働きたかったこと。「ラグビーでトップになっていないし、ロゴスもアウトドアの首位でない。〝1番からの眺め〟を知りたかった」。大手電機メーカーに内定。母は大喜びした。

もう1つがテレビの世界を知ること。ロゴスが一時テレビCMを流していたほか、テレビ番組に登場した商品に反響があったことなどから、テレビの発信力に興味があった。番組制作を手がける吉本興業に応募したところ、順調に最終面接まできた。「どうしたら入れるか」と父に聞くと、「『内定できるならこの場で他社の内定を断る』と宣言したら、自分なら採用するかも」。柴田氏はこれを実行。緊張して反応を待つと、面接室に喫茶店の女性店員がコーヒーを持って入ってきた。面接官は届いたコーヒーを飲むと一言。「で、何の話だっけ」。一気に力が抜けたがその分、会話が盛り上がり、終了時には「面白いから、落ちたらタレントで入れ」と言われた。内定を確信したが、2日後に合否を告げるはがきがポストに到着したときは緊張した。慌てて確認しようとすると、その前になぜか郵便の配達員から「内定です」と知らされた。

大手電機メーカーとどちらを選ぶかは1カ月ほど悩んだ。両親は何も言わなかった。最終的に自分で「家業はものづくりだがそれ以外も大事。今ないものがあったほうがいい」と考え、吉本興業を選んだ。父は「ほんまか、お前」と笑い、母も「自分の人生。好きにしたらいい」と笑った。

■熱い世界を陰で支えた5年間

入社後はマネジャー職に配属。テレビ局や劇場を回る毎日が始まった。お笑いタレントはとにかく熱さや向上心にあふれていた。売れっ子の漫才コンビは「今いいところだから」と食事の時間も惜しみ、買い出しの牛丼を食べながらネタづくりに熱中していた。大御所の漫才コンビは舞台が終わると、２人だけで必ず30分ほどかけてその日のステージを検証。そのときは誰も近づけなかった。ラグビー一筋だった柴田氏は「自分は熱い」と思っていたが、彼らはそのレベルがまったく違い、自らの熱さに周囲の多数のスタッフをぐいぐい巻き込んでいた。マネジャー業務はタレントの身の回りのサポートからスタッフとの打ち合わせ、スケジュール管理、出演料の交渉、売り込みまで多岐にわたる。先輩マネジャーからは「まめさ、気遣い、愛されるキャラクターが大切」とアドバイスされた。配属は当初、大阪で南海キャンディーズ、中川家、フットボールアワーなどを担当。やがて東京に移り、ダウンタウンの浜田さんの担当に抜てきされた。お笑いコンビ、ライセンスを売り出そうと知恵を絞り、俳優やアイドルユニットも手がけた。「忙しいが、面白いお笑いがすぐ近くにある楽しい毎日だった」

吉本興業で働くのは、実は最初から5年と決めていた。「やはり父の会社に入りたい気持ちはあり、父といっしょに仕事をする時間を大切にしたいと思った。そのためには5年がちょうどいいし、最初からその分やり切る」つもりだった。次第に大きな仕事を任され、やりがいも増えたが、決意は変わらなかった。それでも柴田氏は当時、家業への思いをファミリーに伝えていなかった。転機はちょうど5年目に入ったころ。妻となる女性と結婚を考えるようになり、父にそのことを伝えた。すると、返ってきたのは思いがけない言葉だった。「家はどうするのか、ロゴスはどうするのか」。父から事業の承継を尋ねられたのは初めてだった。父はこのときまで、ずっと待ってくれていた。自分が求められている――。こう気づいた柴田氏は自然と涙があふれ、素直に言葉が出た。「継がせてください」。そこからは大泣きになったため、父がどう答えたかはよく覚えていない。それでも父子の思いはこのとき確かに重なり、父は入社を許した。

吉本興業に在職中、タレントには家業のことを話さなかった。ライセンスの2人が「親は何をしているのか」と聞いたときは「テント屋です」とだけ伝えた。2人は「ふーん」と言ったきりだった。ある日、トークライブ後の食事中、「父の経営するアウトドアブランドのロゴスに入る」と伝えると、2人は「そうだったのか」と驚いた。彼らが人気番組「M―1グランプリ」の決勝戦に進出したときは本当にうれしかった。2人と話すうち、柴田氏はいつしか涙が止まらなくなった。ダウンタウンの浜田さんには上司があらかじめ退社を伝えてくれたが、ある日の打ち合わせ後、自分からも直接伝えた。浜田さんは「辞めるらしいけど」と切り出すとこう続けた。「お前はこの仕事が嫌で辞めるわけやない。頑張ったし、おれらについてよくやったなあ。おれはお前を認めているよ。仕事での関係は切れるけど、縁は切れへんから。まあこれからもよろしくな」。柴田氏はこのときも号泣した。その後もタレントに別れを告げるたびに泣いたという柴田氏は「家では寝言で『辞めたくない』と言っていたらしい」と振り返る。会社を去る日が近づいたとき、総務担当者に「退職届けを出してほしい」と言われ、驚いた。3カ月前に提出済みだったため確認すると、受け取ったはずの上司は「ごめん、なくした」。改めて提出し、吉本興業でのマネジャー生活を終えた。

■「お笑いもバーベキューもエンタメだ！」

新婚旅行を経てロゴスコーポレーションに入社する直前、父に言われたことはよく覚えている。「会社をやみくもに大きくすることは望んでいない。むしろ継続が大切だし、生き延びることが社員にも会社にもハッピー。そのためには現在の主力がアウトドアだからといって、しがみつく必要はない。そして、これから生き残るすべを考えるだけの余裕が今のロゴスにはある」

柴田氏は前職の経験を生かそうと、広報担当から業務をスタート。「人の仕事をとるのはおかしい」と考え、自分の仕事をつくりながら進んだ。自社のホームページを見直し、ウェブマガジンを立ち上げたほか、ブランドの認知度を上げるために音楽フェスティバルへの協賛も決めた。

華やかなテレビの世界から家業に入り、戸惑いがなかったわけではない。マネジャー時代と比べると携帯電話が鳴る回数がずっと少なくなり、どこかさびしい気持ちになった。テレビに未練はないはずが、半年ほどはバラエティー番組を見る気持ちになれなかった。前職との違いから父に「言い回しがくどい。端的に言え」と指摘されたこともあった。それでも根っからポジティブな性格。ライセンスのトークライブのゲストに呼ばれたとき、バーベキューの楽しさを話すうちに柴田氏は「お笑いもバーベキューも同じエンタメ。ロゴスでも皆を巻き込んで楽しいことができる」と気づいた。ノートを何冊も買い、自社にあるもの、他社にあって自社にないものなどを挙げ、それぞれについて「自分ならこんなことができる」と書き上げた。次第に経営の知識不足を感じ、同志社大学大学院のビジネス研究科へ。京都の老舗の経営に刺激を受け、同族企業のメリットやデメリットも学んだ。

四代目にあたる柴田氏が将来を見据えて力を注ぐのが、新たな顧客の開拓。初心者向けブランドである以上、アウトドアを楽しむ人を増やすことが会社の未来につながる。柴田氏は「キャンプに興味がない人も楽しめるようにしたい」と考える。そこで、吉本興業時代の人脈をフル活用しながら店頭用のオリジナル番組の制作を開始。番組には旧知のタレントが協力する。直営店には子どもが楽しむゾーンをつくった。「勤務先は変わったが、仕事相手はあまり変わらない」と笑う。2016年に副社長に就任。父と経営についての考えが違うこともあるが、そんなときはとことん話し合う。親子の会話は最近では仕事がほとんどだ。マネジャー時代のタレントらとはときどき連絡をとる。大学院に通い始めたとき、浜田さんに「今、こんなことをしています」と伝えると「お前が?」と言われ、大笑いし合った。彼らから今もさまざまな刺激を受ける毎日だ。

元宝塚・後継娘に「考えがマリー・アントワネット」の痛言

同族企業の子弟が自分の夢を追った後、後継者の道に進む場合、多くの人が当初、ギャップに苦しむ。赤城フーズ(前橋市)常務の遠山昌子氏は宝塚歌劇団宙組の男役、遥海おおらとして舞台に立った後、父の経営する会社に入った異色のキャリアを持つ。違う世界から飛び込み、手探りで進んできた。

赤城フーズは創業１２０年を超える老舗の漬物会社。同社によると、甘酸っぱい味と歯ごたえのある「カリカリ梅」を初めて開発したのは四代目社長を務めた遠山氏の祖父。現在は父が五代目として社長を務める。社員は約30人。本社工場は群馬観光の周遊ルートの一角を占め、ツアーバスで訪れた観光客が製造現場を見学後にカリカリ梅を買い求める姿が目につく。遠山氏は１９７９年生まれ。自宅と会社は同じ敷地内で祖父母、両親、２人の兄、妹という大家族だった。幼いときは妹と会社にこっそり入り、ときどき社員に遊んでもらった。社員旅行にも参加。生活と会社は重なり合い、「ウチの会社」という意識を持つのは自然なことだった。それでも、兄同士の話し合いで将来は次兄が会社を継ぐことになっていたため、遠山氏は事業承継を考えることなく育った。

宝塚との出会いは小学5年生の冬休みにテレビで見たこと。「こんな世界があるのか」と驚き、やがて群馬での公演で心を奪われた。中学3年生のとき、宝塚大劇場に行き初舞台生のラインダンスに「あの舞台に私も立ちたい」と思った。家族を説得して宝塚音楽学校を受験したが、2次まである入学試験は1次で不合格。地元の女子高に進んだ。

それでも思いは変わらなかった。音楽学校を目指して毎日往復5時間かけて自宅のある前橋から東京・永福町のバレエ教室に通った。授業のチャイムが鳴ると自宅に戻りカバンを持ち替えて東京へ。レッスンを経て前橋駅に戻るのは午前0時20分。母が連日迎えにきた。こうして2回、3回と受験を重ねても1次試験で不合格。2次試験に進めなかった。高校卒業を前に大学受験も頭をかすめた。それでも音楽学校は高校を卒業したら受験資格がなくなる。「これが最後の機会。二兎を追っては一兎もえられない」と、音楽学校1本に絞ってレッスンに集中。ラストチャンスとなる4回目の挑戦で合格をつかみとった。

音楽学校の日々はバレエ教室の先輩からたいへんだと聞き、相応の覚悟で臨んだ。しかし、その厳しさは想像を超えていた。例えば、そうじは毎日、同じ場所を1時間20分かけてじっくり取り組む。手順や方法に細かな決まりがあり、守らなければならないうえ、少しでも汚れが残っているときは厳しい指導を受けた。上下関係は厳格であるなど、さまざまな面でつらかった。「入るまで4年間かかった以上、たいへんでも4年は辞められない」と耐えた。華やかな世界への入り口だが、在学中に最も身についたのは根性や何があってもあきらめない精神力だった。

　それだけ頑張っても、音楽学校の最後の試験の成績は同期43人中32番。思うような結果でなく、新人公演では同期が出演する場面に出られなかった。好きなプログラムに出演しても、自分が出演したい場面ではずされるなど、悔しい毎日だった。

　転機は活躍する先輩の言葉。かつて思う結果が出せなかったとき、自由参加のレッスンに毎日出て乗り越えた、と知った。「すごい人がそれだけのことをしている。4回目の受験で受かった自分は不器用。ここでやっていくには、もっと努力するしかない」と悟った。自由参加のレッスンに通い、成績は翌年16番、3年目には8番になった。次第に希望する役が回ってくるようになり、出たい作品に出演できるチャンスが増えた。舞台に立つようになって4、5年を迎え、充実した日々だった。

　歌の選抜メンバーによるコンサートの一員への抜てきもあったが、周囲には才能があふれる人が何人もいた。宝塚での役割は「路線」と呼ばれるスターでないと早くから気づき、「ナンバーワンでなくても、オンリーワンになりたい」と思った。宝塚がますます好きになり、10年でも20年でもいたかった。各組のベテランから選ばれるまとめ役の「組長」に、周囲からは「なるだろう」と言われ、自分も「そうなりたい」と思っていた。

そんなとき、母から電話が入った。カリカリ梅を開発した祖父の持病が悪化。いつ倒れてもおかしくない、という。母は近況を伝えるだけのつもりだったが、会社をめぐる状況は自分が不在の間に変わっていた。事業を継ぐはずの次兄は大学に入ってから自分の目標を新たに抱き、実現に向けて突き進んでいた。長兄にも目指すところがあった。妹は穏やかな性格で経営者タイプではない。会社には後継者がいなくなっていた。

祖父が「オレの育てた会社をどうするのか」と口癖のように言っていることは、離れて暮らす遠山氏も知っていた。祖父には小さいときから面倒を見てもらい、高校卒業までいっしょに暮らした。それだけに、母の電話を切った後、遠山氏は「祖父が心配したままあの世にいったら、どう思うだろうか」と考えた。後継者がいなければ、会社は存続できない。大好きな赤城フーズのカリカリ梅が食べられなくなる。自分が何とかできないか――。一方で宝塚での毎日は楽しく、「組長になるまでいたい」と思うほど。家業の危機と宝塚への未練の間で遠山氏は悩んだ。1週間後。出した結論は「自分が事業を引き継ぐ」だった。確かに宝塚でやりたいことはまだまだあったが、遠山氏には夢をかなえて舞台に立った実感があった。

このままでは「ウチの会社」はなくなるかもしれない。だからといって、別に目標を持つ兄たちが後継者になったら、無理に家業に入ることになる。それならば、家業を継ぐ気持ちのある自分がやったほうがいい、と思った。誰かに相談したわけではない。「勝手に覚悟し、勝手に決めた」と振り返る。

■「組長でなく、社長を目指します」

家族に伝えたのは、休暇で実家に帰り、集まって食事をしたとき。突然「宝塚を辞めて、うちの会社に入る」と宣言すると、２人の兄、妹は驚き、「本当にそれでいいのか」「もったいない」と再考を促した。それでも遠山氏は動じなかった。祖父は「そうか」といっただけだったが、どこかうれしそうな表情だった。祖母、両親は遠山氏の決断を静かに受け入れた。

宝塚で「本当にこの道に向いているのか」という気持ちがどこかにあったのも確かだ。殻を破りきれない、人目を気にするところがある、と自覚していた。とはいえ、ネガティブな気持ちで去るのではなかった。同期にこっそり話すと、「長くいると思っていたのに……」と驚いたが、遠山氏の気持ちは晴れやかだった。懇意の組長が和やかに「組長になるまでいるって言ったやん」と笑ったのには「組長でなく、社長を目指します」とユーモアを交えて答えた。退団公演の期間は準備も含めて半年ほどあり、充実した毎日だった。事業承継のために宝塚を退団する人はまれであり、多くの人が応援を申し出た。最終日、楽屋の遠山氏の化粧台は白一色に飾られた。売店で販売した赤城フーズのカリカリ梅はあっという間に売り切れた。

退団から2週間。2005年に25歳で父の会社に入社した。継ごうという気持ち一つで入ったものの、ビジネスの経験はそれまでない。不安のなかで初出社すると、よく知っているはずの社内は冷えた、シーンとした雰囲気だった。「いったい何をしにきたのか」。社員のそんな声が聞こえる気すらした。実際、会社がどのように動いているか、社員とどうコミュニケーションを取ったらいいかわからなかった。社内でどんなふうに立っていればいいのかわからない、と思ったほどだ。父の指示で事務から始めて製造、直販、営業と次々に経験。頑張らなければと思っても、何をしたらいいかわからないまま、一生懸命さが空回りした。開発会議では若い感覚を生かそうとパッケージにこだわった高級志向のセット商品を提案。しかし、思いつきレベルのため製品は売れず、コストをかけてつくった箱が大量に残るだけだった。取引先に対するトラブルのときには、対応策を真剣に検討する父らを前にジョーク混じりで話し、社員から「そういう考えがマリー・アントワネットだ」と言われたこともある。2年目に「肩書で自覚と覚悟が生まれることもある」という父の考えで常務に昇格。しかしながら、社員の報告は足元の定まらない遠山氏を素通りして、父に上げられた。どうしていいかわからず泣き明かした夜もあったが、自分で決めた以上、逃げられないと思った。

父から「私ができているのだからできる」と言われたことが救いだったが、一方で経営の知識が不足しているのも確かだった。「大学で学ぶか社外で修業してから入るべきだった」と後悔したが、通信制の大学で経営を学べると知り、すぐに入学。自分にプラスになるだけでなく、会社もよくなるはずだと信じて課題に取り組み、経営の基礎を身につけて卒業した。だが、今度は知識を実際の経営にどう落とし込んだらいいのかわからない。ヒントをつかもうと東京での異業種交流会に参加。しかし、場所や企業規模が違うため、学んだことをうまく吸収できなかった。

そんなとき、宝塚での日々が思いがけない形で突破口になる。遠山氏はある日、「宝塚での経験などを話してほしい」という依頼を受け、同じ群馬の渋川市で講演。たまたま聞きにきていた宝塚ファンの母娘が帰宅後、家で遠山氏について話すと、「そんな人がいるのか」と娘の父も興味を持った。娘の父も会社の社長であり、群馬県内の中小企業家同友会のメンバーだった。後日、遠山氏の元を訪問。学びの場を探していた遠山氏はすぐに中小企業家同友会に入った。こうして地元で同じ悩みを抱える中小企業の経営者と知り合い、いっしょに経営指針づくりに取り組んだ。遠山氏は後継者として一歩ずつ成長し、父と相談しながら育児介護休業やパートの正社員登用などの仕組みづくり、新卒の採用、社員への経営データ公開などを進めた。

祖父に伝えた2つのこと

宝塚はもう一つの大切な出会いのきっかけにもなった。遠山氏と同じタイミングで宝塚を去った先輩が「退団同期だから」と呼んでくれた結婚式に出席。そのときに夫となる男性と出会った。それだけではない。宝塚は退団後も劇場で赤城フーズのカリカリ梅を扱ってくれた。中小企業の経営を考えるうえでも「宝塚で身につけたあきらめない精神や根性は役立っていると思う」と話す。六代目としての準備は着々と進むが、その過程でカリカリ梅をつくった四代目の祖父はこの世を去った。遠山氏の入社を喜んだ祖父は闘病記を出版した際、「あとは任せた」と書いて遠山氏に渡した。亡くなる直前に遠山氏は祖母から「将来を約束した人がいる」と伝えてもらい、後の夫を紹介。「その人は漬物屋になるのか」。それが祖父のほぼ最後の言葉になったという。ギリギリになったが、会社の将来だけでなくファミリーの将来についても安心してもらえたと信じている。

五代目の父からは、仕事は任されることが増えている。夫は別の仕事があり、結局会社に入らなかったが、2人の兄のうち長兄も今では、会社に加わった。遠山氏は幼い2人の娘がいて、ときどき会社に連れてくる。自分がそうだったように会社が生活の一部であると知ってもらい、「いつか、いっしょに働けたら」と期待する。

後継者として勝手がわからず苦しんでいたとき、宝塚の舞台を見に行ったことがある。始まる前は落ち込んだ気分だったが、次第に明るい気持ちになり、フィナーレでは「よし、明日から頑張ろう」と前向きになった。カリカリ梅も食べたお客を元気にしたり、喜んでもらったりすることができる、と思っている。「つまり、笑顔になってもらう点では同じ」。だからこそ、掲げる経営理念は「笑顔の伝承~200年企業を目指して~」。15年からは朝礼で毎日、この言葉を唱和する。「社員と思い共有すると同時に、自分も覚悟を確認している」とにこやかに遠山氏は話す。

継いで後悔
町工場の熱血三代目、復活は中学教科書から

継がなければよかった――。同族企業を事業承継したものの、抱える課題の大きさに頭を抱える後継者は少なくない。深中メッキ工業（東京・墨田）社長の深田稔氏もかつてその一人だった。トラブルの連続に承継を後悔したが、中学の教科書を読み返すことから始めて一歩ずつ技術を高め、会社を復活させた。

めっき業界は発注先の海外移転が進み、国内の仕事が減っている。しかも中小企業が大半

を占めており、景気回復を実感できない会社が少なくない。深中メッキ工業は近くを旧中川が流れ、中小の製造業が集積する地区にある。社員11人と規模は小さいが独自技術を持ち、難しい加工、他社がやりたがらない複雑な加工に定評がある。最近はインフラ関連に注力。三代目社長の深田氏の奮闘で2011年、挑戦する中小企業を顕彰する東京商工会議所の「勇気ある経営大賞」で優秀賞を受賞。13年には安倍晋三首相も視察に訪れた。

深田氏の父が1952年に創業。家庭の事情で早くから6人兄弟の生活を支えた父は、同じ境遇の若者を積極的に採用した。社員の大半は定時制高校で学び、学費は会社が負担した。面倒見のいい父は、社員が家を建てると聞けば費用の一部を渡した。会社の野球チームを立ち上げるときには「対戦相手が必要」と、知り合いに声をかけて約10チームのリーグまでつくった。毎週土曜日の昼は、母らが大きな鍋でカレーライスをつくり、家族や社員だけでなく、取引先の担当者、近所を回る外交マン、運送業の運転手らも集めていっしょに食べた。夜も連日お客が訪問。下町の町工場らしく、人のつながりが濃密だった。64年生まれの深田氏は、中学生まで自宅が会社と同じ敷地内。会社は幼いときから身近だった。ただし兄、姉がいて、家族内には兄が事業を継ぐ流れが早くからあった。また、当時会社に在籍したおじは父と頻繁に意見が対立していた。このため、深田氏は小学生のころから「兄が継ぐ以上、自分が入れば同じことが起きるから、絶対に入らない」と決めていた。

中学時代は生徒会長を務めた。当時はテレビドラマ「3年B組金八先生」が人気で、校内暴力が社会問題化していた。たまたま親友が番長だった深田氏は「先生に呼ばれ、木刀を持ってやってきた他校の生徒を追い払ったこともある」と話す。同じころ、父の会社でアルバイトを経験し、仕事のたいへんさを知った。年齢が近い社員が毎日懸命に働き学ぶ姿を間近に見ながら、深田氏は高校、大学に進んだ。やがて兄は予定通り家業へ。深田氏は大学を卒業後、大手食品メーカーに就職した。名古屋支社に配属となり、家を離れた。

ところが、営業成績で頭角を現したころ、思いがけないことが起きた。兄が突然会社を去り、そのまま連絡がとれなくなった。理由は今もわからないが、会社の将来は不透明になった。母は深田氏に頻繁に電話してくるようになった。「戻ってこい」とは言われなかったが、深田氏は自分が必要とされていることがわかった。そのとき頭に浮かんだのは、黙々と働く社員の姿だった。「自分が大学まで出られたのは、社員が汗を流して働いてくれたから。今度は自分が助けなければならない」

思いがけない形で家業に入ったが、ここからがたいへんだった。病院で検査を受けた父に重い病がみつかった。そのまま入院すると、わずか3カ月後に亡くなった。入ったばかりの深田氏は父から業務をまったく引き継げなかった。経理担当だった母が社長となったが、同じころ父が保証人だった会社が倒産。3億円の借金を背負った。さらに納品した製品に不良が続出。バブル崩壊と企業の海外シフトも重なり、注文が激減した。「どうして会社を継いでしまったのか」「自分のせいでないのに、なぜこんなことになったのか」。深田氏は後継者の道を選択したことを悔やんだ。辞めたい、投げ出したいと何度も思った。

■「ここから進むしかない」と覚悟

転機は、目の前の現実を受け入れたことだった。多額の借金を抱えているうえ、業績が右肩下がりであることは、どれだけ嘆いても変わらない。社員を抱え、後戻りできない以上、「ここから進むしかない」と覚悟した。すると、すべきことが見えた。会社が苦しいのは景気の影響もあるが、根本には技術の課題があった。しかしながら、承継を考えてこなかったこともあり、深田氏には肝心のめっきの知識がなかった。

出した結論は「急がば回れ」。時間がかかっても、技術にしっかり取り組もうと決めた。ベースとなる化学の知識は、深田氏の頭から抜けていた。そこで、第一歩として中学の理科の教科書を手に入れ、元素記号を覚え直すところから始めた。同時に都立産業技術研究センターに何度も通った。また、めっきの薬品メーカーの担当者を質問攻めにした。不良の原因は次第に見えてきたが、そこからも特別なことをしたわけではなかった。簡単なことを繰り返しながら考え、小さな工夫を続けた。そのためには、ほとんど眠らない日が何日もあった。地道な積み上げによって、やがてめっき学校を卒業した同業の後継者から技術についての質問を受けるほどになった。

ただし、いくら技術があっても、売り先がなければ会社は復活できない。深田氏は納品のとき、自ら製品を持って取引先を回り、ちょっとした会話から顧客の困りごとの情報を集めた。そこから、課題の解決に必要な超薄膜の加工技術を開発して提案。めっきで顧客のコストダウンをサポートする取り組みも進め、新たなニーズを開拓した。「何とかならないか」といった相談が持ち込まれるケースも増えるなかで、借金を完済。２００９年に母から経営のバトンを受け取り、三代目社長に就任した。深田氏は「続けられたのは父の会社だからとか、ファミリーがやっているからとかではなかった。社員がいて借金がある以上、存続するために必死だった」と話す。

■「いつの間にか父と同じことをしている」

父が新しい技術や分野に取り組んでいたことを、深田氏は後になって知った。その姿勢は試行錯誤しながら技術開発を進めてきた深田氏の姿と重なっていた。共通するのはそれだけではない。深田氏は面倒見のよさも、父から引き継いだ。例えば、定時制高校に通うある社員は分数の計算ができなかった。そこで、深田氏は休み時間に通分の手順から教えた。するとこの社員は勉強の楽しさに目覚めて大学に進学。卒業後は教師となり、巣立った。また、定時制高校に通う別の社員は、給料日になると決まって昼休みに同級生から呼び出された。「給料を脅し取られている」。周囲の社員からこう聞いた深田氏は4人の社員に「行ってきてくれ」と依頼。中学時代にそれぞれ番長だった4人はもめごとなく給料を取り返した。

定時制高校の授業時間の変更や統合などで採用する人材は少しずつ変わったが、面倒見のよさはずっと変わらない。深田氏は毎朝6時に出社。社員研修のメニューを手作りするほか、自社のめっきがF1カーや宇宙ステーションに使われてきたことを説明し、仕事への納得度やモチベーションを高める。墨田区の若手後継者にも、自らの経験を語りながらアドバイスする。深田氏は思いがけず後継者になってからの歩みをこう話す。「父といっしょに仕事をした期間はほとんどなかった。それでも振り返れば、いつの間にか同じことをしている」

ファミリーイナダ 社長の一人息子を中国へ

同族経営が大半を占める中小企業の海外進出が広がるなか、ファミリービジネスの経営者が子息を海外の工場や子会社に送り出すケースが増えている。子息が現地の責任者として積む経験は日本では考えられないほどハードな場合もあるが、その分危機に直面したときの適応力は高まる。新たなビジネスチャンスを開拓するなど、会社の将来に役立つ面もある。

ファミリーイナダ（大阪市）はマッサージチェア専業メーカー。この分野の主力3社の一角で、平均価格は1台25万～30万円と高額な製品を中心に展開する。父が創業社長の稲田壮秀氏は1977年生まれで取締役。入社してから大半の期間、海外部門を担当。中国の製造拠点の改革を進めると同時に米国などでも市場開拓を進めてきた。

小学校を卒業するころまで、稲田氏は自宅のすぐ裏が工場という環境で育った。昼食で父を呼びに会社に行くと、会議中のときがしばしばあった。一人息子の稲田氏は、厳しい口調で指示を出す父の膝の上で会議が終わるのをじっと待った。その後、工場と自宅は離れた場所に移転。思春期の中学生、高校生となった稲田氏にとって、当時の社名である「ファミリー」やマッサージチェアという製品はどこか気恥ずかしかった。次第に疎遠になり、大学時代は正道会館で空手に打ち込む毎日。事業を継ぐつもりはなく、父も何も言わなかった。卒業にあたって空手の道も頭をかすめたが結局、教育関連会社への就職を自分で決めた。

配属先の鹿児島では学習用教材の訪問営業を担当。1年ほどして慣れたころ、たまたま訪れたホームセンターでマッサージチェアを展示しているのを見かけた。「父の会社の製品かもしれない」と近づくと、やはりそうだった。「意外にすごいのだな」と思うと同時に、突然の〝再会〟に何だかうれしい気持ちになった。少し後、父が鹿児島を訪問。父は京セラの稲盛和夫名誉会長の盛和塾に参加しており、その関連の用事だった。親子は久しぶりに食事をすることになった。なぜそうしたのかは自分でもよくわからないが、気づいたときには、稲田氏は父に「会社に入れてほしい」と頼んでいた。「ホームセンターで見かけたこともきっかけとなり、結局戻るべきところと思ったのかもしれない」と稲田氏は振り返る。

父は申し出を受け入れ、稲田氏は2002年、ファミリーイナダに入った。入社後は現場を重視する父の方針で鳥取県の工場に配属。検査員を務めながら製造を学ぶことから始めた。間もなく大手企業出身の幹部が業務改善のため工場の社員に対するヒアリングをスタート。稲田氏はサポート役を命じられ、会議の議事録をとったり、ヒアリングの録音テープを書き起こしたりしながら仕事を覚えた。入社から1年がすぎたころ、この幹部が業務改善の一環として中国の工場を視察するとき、稲田氏はアテンド役になった。その後、ほぼ一貫して担当する海外業務の第一歩だったが、当時の稲田氏は新婚旅行でしか海外に行ったことがない状態。できることは少なかった。それでもこの幹部の「場数を踏め」という言葉を守り、失敗しながら地道に取り組んだ。中国では仕入れ先に課題があることがわかると、稲田氏は3日間で10社ほどずつ仕入れ先を回る短期出張を繰り返すようになった。

やがて本格的な品質改善のためには現地で検査員の育成が必要だと判明。「それまでの仕事の流れから、『お前がやれ』となった」。当初は長期出張だったが、いつの間にか出張手当がつかなくなり、気がついたら入社から約2年、20代で現地工場の製造責任者を任された。「インプットの量が多く、目の前の仕事をこなしているうち、中国で本格的に仕事をすることになっていた」

1000人以上に取り囲まれる

とはいえ、経営経験のない稲田氏がすべてをうまくこなせるはずがなかった。むしろ、手探りの部分が多く、「実力がないまま指示を出すから間違えがあったし、非効率なときがあった。自信もなかったが、それを隠そうと虚勢をはった」。当時、月1回のペースで訪問していた父は、そのたびに課題を厳しく指摘。自分でもわかっていることを言われるのはつらかった。それでも作業ロスをつぶすなどわかりやすいところから取り組み、次第に全体を把握できるようになった。当初はまったくできなかった中国語は現地で働きながら独学で覚えた。上達のため、オフの時間に中国語の歌を聴いて歌詞をメモするなど自分なりの方法を考えた。落ち着いてきた2006年ごろから、今度は事業構造の見直しに直面。当時中国に2カ所あった工場はリストラの対象となった。稲田氏は30歳前後だったが、経営側として労使交渉の最前線に立つことになった。

2カ所のうち上海工場はピーク時には1800人の従業員がいた。自然減で約1200人になったが、ここから600人削減する計画だった。通常こうしたケースでは労働側のリーダーと話すが、上海工場では労働側のグループが10ほどに分かれていた。このため、労使交渉は遅々として進まなかった。事態を打開するため自分が直接説明しようと、稲田氏は社員食堂に全従業員を集めた。しかし、話し始めて間もなく1000人以上が稲田氏の元に押し寄せ、もう一人の日本人社員、中国人弁護士とともに、取り囲まれたまま身動きがとれなくなった。机をどんどんたたく人や大声で主張する人が何人もいた。稲田氏は1000人以上に囲まれるときの「熱さ」を初めて知った。若さもあってか、恐怖を感じることはなかったが、軟禁状態となり困惑するしかなかった。労働側はそれぞれの主張が終わると1時間はどでその場を去ったが、工場はストライキによって稼働しなくなっていた。

多人数に囲まれたとき、救出を依頼した地元行政は当初あまり動かなかった。どうしようもなくなり領事館に連絡。領事館経由で伝えてもらうと、ようやく事態が動き出した。地元行政は「今あなたの会社が頼んでいる弁護士ではうまくいかないから、別の人にしたらどうか」と新たな弁護士を紹介。さっそく採用すると、この弁護士はすぐに約20人の弁護士を従えて社内の10ほどの労働者グループと個別に交渉した。その結果、ストライキは1カ月で終結。リストラをめぐる交渉もその1カ月後に終わった。「中国では、納得しないと人が動かない。だから話の筋道を立ててしっかり伝えることが大切だとわかった」

しかし半年後、もう一つの無錫工場ではさらに困難が予想された。従業員は約200人と上海に比べて少ないものの、規模縮小の上海とは違い、閉鎖が決まっていた。不安が募るなか、労使交渉をスタート。労働側はエキサイトし、交渉の様子を会議室の外で聞いていた従業員たちが何度も室内に飛び込んできた。予想通り多人数に囲まれることもあった。「それでも、自分がやらないとほかにやる人がいない。悲壮感はないが、やるしかなかった」。連日、夜中まで弁護士と相談。現地行政の関係者らもまじえて閉鎖までの手順を決めたうえで、一歩ずつ進んだ。父からは毎日「状況を報告してほしい」という連絡が入ったが、その時間をとれないほどだった。「集中して取り組んだので何とかなった」と稲田氏は話す。同じような立場にある経営者の子息は周囲にいなかったが、ハードな場面をいくつも経験するうち、危機を乗り切る能力が身についていた。

入社から十数年が経過。稲田氏はほぼ一貫して海外事業を担当し、現在は取締役として上海をベースに世界をかけ回る。妻や子どものいる日本ですごすのは月に3日ほどだ。

海外事業は売上高の3～4割を占める。中国では製造の改革だけでなく販路開拓にも着手。15年6月の「上海ショック」で一時、販売が落ち込んだが、インターネット通販に本格的に取り組むことによってこのところ売上高が大きく伸びている。米国市場の開拓にも力を入れ、代理店と協力しながら高級車のようなブランディングを展開して販売を伸ばす。米国では100万円以上のハイエンドな製品がよく売れるという。「思いもよらないことが多かったが、その分さまざまなことを考えたし、勉強になることが多かった。経営者の子弟にとって、それはいいことではないかと思う」と、実感を込めて話す。

ロックスター夢見た三代目、家業継ぎ売上高4倍に

後継者は家業と自分の夢の間で葛藤する人が少なくない。プラスチック加工メーカー、本多プラス（愛知県新城市）の社長、本多孝充氏はかつてロックミュージシャンになる夢を抱いた。曲折を経て父の会社に入ると、一歩ずつ経営改革を進め、売上高を4倍に伸ばした。

本多プラスの本社、主力工場はJR豊橋駅から車で1時間ほど、静かな田園地帯にある。本多氏の祖父が創業し、父が二代目社長というファミリービジネスだ。本社のある三河地方はトヨタ自動車のお膝元であり、父はかつてトヨタ系部品メーカーから「下請けにならないか」と誘われた。断った父に対し、周囲は驚いたが、「言われた通りにするだけの仕事はしたくない」と独立メーカーとして生きることを選んだ。

三代目の本多氏は1969年生まれで、入社から2年ほどで父から経営の多くを任され

た。単品頼みだった経営に危機感を持ち、デザインから金型製作、プラスチック加工までを一貫して手がける体制を構築。事業分野を広げながら業績を伸ばして2011年、社長に就任した。グループ売上高は約40億円、社員は約230人いる。

本多氏が子どものころ、工場は自宅の裏にあり身近だった。父は地域のさまざまな役員を引き受け、会社と地元の結びつきは強かった。働くのは友人の母ら近所の人ばかり。昼食時には作業用のテーブルを片付け、本多氏も社員といっしょに食べた。大好きだった「日の丸弁当の梅干しの下の、ご飯が赤くなったところ」を皆からもらった。社員旅行などの行事にはいつも参加した。父からことあるごとに「将来はお前が会社を継ぐ」と言われて育った。大都市と違い人のつながりが強い新城では、近所の人や学校の先生からも「いい社長さんになって」「将来は継ぐのだから」とよく言われた。家族でおいしいレストランに出かけたり、ハイグレードなホテルに泊まったりするなかで、家族の暮らしと父の会社のつながりを自然と理解した。気づいたときには「自分が継ぐのが当たり前」と思うようになっていた。

反抗期に突入した高校生のころ、友人とバンドを結成すると得意だった勉強に身が入らなくなった。バンドではベースを担当。小学生でクラシックギターを習っており、すぐに上達した。音楽好きの姉の影響もありハードロックやパンクロックにのめり込み、豊橋のライブハウスに頻繁に出演するようになった。好きだったのはフィンランド出身のロックバンド、ハノイ・ロックス。サウンドと同時に派手なルックスでも人気があり、本多氏はメークをしたり、髪を脱色したりした。母は「どうしてこんなことになったのか」と嘆いたが、父はいつも笑っていた。音楽コンテストの地区大会で優勝。地元のラジオ番組にも登場した。

出演するライブハウスには東京や大阪のバンドがツアーでやってきた。本多氏は仲間とガード役を務めるなどいろいろな手伝いをした。後に世界的に活動するバンドもあり、ほんの少しだがメンバーと言葉を交わした。「すごい」と思ったことを覚えている。学校の勉強はおろそかになったものの、父の会社は身近なままだった。行事には変わらず出席し、社員は顔なじみだった。大学浪人を契機に東京に出ると、ますます音楽が中心になった。バンド活動は続いたが、むしろ一人でギターやピアノで作曲することに熱中。「とりつかれたように」音楽漬けの毎日だった。音楽を仕事にしたいと思い、続ければいつかできる気がした。

それでも父に勧められ、短大の後継者養成コースに入学したことが転機になった。学校には超スリムのブラックジーンズに、長髪のロックファッションで通学。短大は自由が丘にあり、最初は自分と雰囲気が合わない気がした。しかし、通ってみると、講義はマーケティングや経営戦略などビジネスに直結した内容で「子どものころから染みついた世界」につながっていた。高校での勉強と違う「実になりそうな内容」がそろい、面白くて仕方がなかった。同級生に後継者が多いことも刺激になった。

音楽が意外な形で次の道に導く

音楽への思いは消えたわけではなかった。ピアノやギターを弾いては曲づくりを続け、将来はミュージシャンになりたかった。しかし、メディア経由で「会社を経営しながら音楽でデビューした人」「タレントとして活動しつつ経営もする人」らを知るうちに、音楽一辺倒でなくてもいいと思うようにもなった。「経営しながら音楽で有名になったら、会社が有名になるかも」など、柔軟に考え始めた。

卒業を控えたとき、音楽は思いがけない形で本多氏を次の道に導く。超音波応用製品で知られる本多電子（愛知県豊橋市）の創業者は本多氏のおじ。さまざまな分野に造詣が深く、本多氏は尊敬していた。ある日、おじが脳科学の研究者とお酒を飲む場に居合わせた本多氏は「1曲歌って」と促された。自作曲を歌うと、研究者はリラックスした気持ちになったのか「歌にアルファ波が流れている」。何曲か歌うと、様子を見ていたおじは「面白いからうちに来い」と誘い、入社が決まった。技術系の会社で最初は戸惑った。だが営業に配属されると仕事の楽しさに目覚め、短期間で社内表彰を受けるほどになった。大手取引先との仕事を任されたが2年半ほどすると、英語が話せないことやビジネスの知識不足が気になった。

学びたい思いが強くなり、父に話すと賛成。「英国のロックが好きだから」と行き先をイギリスに決め、おじに相談すると「残念だが、それならば大きな仕事をしろ」と送り出してくれた。語学学校に2年通って帰国する予定だったが、さらに学びたくなり英国の大学MBA（経営学修士）課程に進学。世界中から集まった学生との日々はそれまでの歩みを見つめ直す契機になった。成熟した欧州文化に触れ、このまま英国で働きたいと思った。

そんなとき、尊敬するおじが亡くなったと日本から連絡が入った。ショックでその夜は一晩、夜空の星だけを眺めてすごした。卒業に向け論文の執筆中だったが、一時帰国して葬儀に参列。論文の参考にしようと父の会社に出向くと、新しい本社の建設が始まろうとしていた。旧知の社員と話し、売上高の大半を修正液用のボトルが占めると聞いた。ニッチトップとして目先の業績は好調だったが、本多氏はすぐに「やばい」と直感した。英国ではパソコンの普及で修正液が次第に使われなくなっていた。日本でも修正テープが台頭。主力製品の需要縮小は時間の問題だった。英国に戻る飛行機の機中で「では、どうすべきか」をずっと考えた。やがて、人のつながりの強い新城で生まれ育ったこと、ロックスターを目指したこと、短大で全部の授業に出席したこと、おじの会社で営業に駆け回ったこと、留学など、すべてが自分のなかでつながり、「家業にこれまでの経験、知識を生かそう」と決めた。留学を終えると帰国。「ものすごいモチベーション」を持ち、97年から父の会社で働き始めた。

最初から経営企画室長と営業本部長を任された。家業が生き残るには、単品に頼るのではなく製品の幅を広げることが必要。それでも、父の会社にＭＢＡの知識をそのまま持ち込むことはできない――。何から手をつけたらいいかわからなかったが、まずは「自分から会社になじみ、考えを伝えよう」と発想。朝礼や会議でじっくり語ったり、社内報で長い文章を書いたりしたほか、車で出張の2日間、同乗の社員に話し続けたこともあった。父は口をはさまないどころか、ほどなく本多氏を専務に据え、業務の大半を委ねた。やがて、少しずつだが「手伝いたい」という社員が出てきた。社内で「変わっている」とされてきた人もいたが、本多氏は迷わず要職に起用しながら人材を育成した。

単品依存を脱するには一歩ずつ進むしかない。そのために必要な金型の内製化に対し、ベテランの一部は当初「できない」と冷ややかだった。それでも旋盤を買い入れると、チャレンジを申し出た中途入社の社員が手作業で金型を完成。「やればできる」ことを示した。05年からは新卒社員の採用活動に注力。費用として350万円を投じたときには「そのお金で機械を買ったほうがいい」と猛反発する声が出た。それでも押し切り、デザイナーら従来と違うタイプを採用した。まず工場で徹底的に製造現場を学ばせたうえで、東京・青山にデザイン中心のオフィスをつくって配属。デザイナーを営業に同行させながら、機能も予算も含めた提案力を磨いた。小さな成功を積み重ねながら製品の用途を医療用や工具用、化粧品用などに拡大した結果、単品頼みから完全に脱却。本多氏は11年に社長に就任した。

売上高は入社してから4倍になり、提案力を生かした製品が6割ほどを占める。最近は化粧品用が伸びる。ベトナムに製造拠点をつくったほか、容器を手がける会社にはめずらしく東京・青山に直営店を開設。「取引先の製品がより売れるストーリーをビジネスにしたい」と本多氏は意気込む。営業の部署名をプロデュース営業部にしたのもこのためだ。

ファミリーのビジネスである以上、地域との結びつきは変わらないと思っている。それでも入社したころには「商機の多い東京に本社を移したらどうか」と父に提案したことがある。意外なことに、父も若いとき同じことを考えていた。しかし、祖母から「田舎で日本一の会社にしたらお前は日本一。東京で成功しても偉くない」と説かれ、とどまった。父から「お前もそう心得よ」と言われ、腹が決まった。新城の本社にいるのは週2、3日。残りは各地を駆け回る本多氏は「難しいことがあっても、地域とともにあることが大切」と話す。高校生の息子には将来、事業を引き継いでほしい。だから、かつて自分が父からされたように、息子に対してことあるごとに「いつか社長になる」と言い聞かせる。

家業に入ってからも、音楽からは離れなかった。今もバンド活動を継続しているほか、東京ではライブ演奏のできるバーを共同経営。かつてのようにのめり込むのではなく、だからといってあきらめるのでもなく、自分に合った形にたどり着いた。古くからのバンド仲間も入社し、技術開発部の部長を務める。「音楽を通じたさまざまな人のつながりがある。自分にとっても会社にとっても音楽は付加価値になっている」と本多氏は笑う。

大手経て同族中小へ 跡継ぎ三つの成長戦略

中小規模の同族企業の後継者のなかには、大手企業で勤務してから入社する人も多い。どうしたら、前職の経験を生かして円滑に引き継げるのか。ワコン（和歌山県紀の川市）社長の西田耕平氏は大手メーカーを経て父が立ち上げた会社に入社。それまで段ボール製造がほとんどだったが、航空貨物の梱包や段ボール以外の素材などの新分野に参入。6億円ほどだった売上高を14年で2・8倍の17億円に伸ばした。

ワコンの本社はJR和歌山駅から電車で20～30分の場所にある。緑豊かな環境で、近くを紀の川が流れる。西田氏が小学校2年生のとき、創業者である父がなくなり、親戚が社長になった。母は子会社の役員に。子どものころの西田氏は漠然と「将来社長になりたい」と思っていた。しかし、次第に疎遠になり、海外で働きたいと考えるようになった。その夢を実現するため一橋大学卒業後、グローバル展開の進む旭硝子に入社した。

順調なサラリーマン生活だったが、仙台の工事会社への出向が転機になった。出向先の社長は論理的に考えるタイプで、先頭に立って指示を出していた。その姿に刺激を受け、経営者の仕事の面白さを知った西田氏は「自分もいつか継ごうか」と思い始めた。

出向は別の意味でもその後につながった。それは中小企業の様子があらかじめわかったこと。大手企業で働いた後継者が中小規模の同族企業に入る場合、それまでとの違いから「こんなはずではなかった」と戸惑うケースがある。だが、出向経験を持つ西田氏はそれがほとんどなかった。同族会社に入った後、比較的スムーズに経営改革に取り組むことができた。

ファミリーのビジネスを継ぐ思いを抱いた西田氏は出向先の社長に相談したが、社長の答えは「海外で活躍する目標がある以上、待つべきだ」。この言葉で思いとどまり、すぐには家業に入らなかった。ほどなく香港の現地法人への赴任が決定。念願の海外勤務に西田氏は意気込んだ。充実した毎日で、2年後には現地法人の社長になった。「香港は第二の故郷」と思った一方、組織である以上、裁量の範囲は限られていた。本社の判断を求めることも多く、「自分で理想の会社をつくりたい」気持ちが次第に強くなった。

父が立ち上げた会社には、西田氏を気にかけてくれる人がいた。そんな一人で番頭格の社員が西田氏の香港からの帰省中、「食事をしよう」と声をかけた。西田氏が小学生のとき、スーパーカーショーに連れて行ってくれた人だった。会社は当時、経営が厳しかったこともあってか、食事の席上、「ずっと先でもいいから、帰ってほしい」と頼まれた。一方で香港には「いっしょに会社をやらないか」と誘う人がいた。西田氏は迷い、キャリア関連の本を何冊も読んだ。当時三十代後半。最終的に「人生を1日とみたら今は昼ごろ。何かするにはギリギリのタイミング。父のつくった会社が和歌山にあるのだから、和歌山に戻ろう」と決めた。15年勤務した旭硝子を去り、2002年にファミリーのビジネスに加わった。

母は子会社の社長となっており、西田氏は入社と同時に母からその経営を引き継いだ。一方で本社を継いだ親戚とは経営に対する考えに違いがあった。曲折を経て3年後、親会社と子会社の業務を見直し、改めて事業を2つに分割。西田氏は段ボール製造主体のワコンを引き継いだ。「最終的にフェアな形となったし、中小企業の武器である決断スピードを生かせるようになった」と振り返る。

所有の課題をクリアしながら、経営改革を2段階で進めた。まず行ったのは目標の設定と定期的な会議の開催。それまで会社として明確な目標数字がなかったため、会議が開かれず、社内の一部には「やってもやらなくても同じ」という空気があった。西田氏はそれまでの経験を生かして予算を設定することから始め、会議で定期的に達成状況を確認する仕組みを取り入れた。はっきりした目標がなかった分、その効果は大きく、売上高があっという間に2割伸びた。

それでも主力の段ボール市場は停滞感があり、ワコンが手がける川下は競争が激化しつつあった。同じころ、都道府県別の潜在成長率データで和歌山が最下位の記事も目にした西田氏は「このままでは将来はない」と危機感を持った。事業領域から考え直すと「段ボールがほしくて段ボールを買う人はいない。求めているのは製品を安全に運ぶ容器だ」と気付き、すぐに次の改革に踏み出した。

このとき、大手出身の西田氏はそれまでの反対の立場から「大手から見て煙たい会社になれば、生き残れる」と発想。3つの戦略を打ち出した。一つは梱包事業への参入で08年、関西空港での航空貨物の梱包を始めた。職人的なスキルが必要な作業が多く、「労働集約的な分野ならば大手が参入しにくい」と考えた。社内にスキルがなかったため、成田空港近くの梱包会社に頼み、社員6人をのべ20カ月送って技術を習得。当初は家賃150万円に対して1カ月の売上高が5万円と大苦戦したが、毎週ダイレクトメールを打つなどしながら顧客を開拓し、主力事業の一角に育てた。

二つめが段ボール以外の素材への進出。大手は競争力がある分、ほかの素材にあまり参入しないとみて、「プラスチック段ボール」と呼ばれるプラスチック製の輸送容器の開発を画策した。社員は当初、「従来の段ボールが売れなくなる」と反対したが、西田氏は「他社が先にやったら同じことになる。それならば、自分たちでやろう」と押し切った。梱包は業務エリアが違えば競合しないため協力する会社があったが、プラスチックではそうはいかない。このため、製造機の開発から自社で地道に取り組み、転職者を活用しながら製品力を高めた。三つめが設計の強化。大手も取り組むが、西田氏は「多忙な大手は大きくない案件の場合、かけるコストや時間が限られる。戦力を集中させれば、チャンスは生まれる」と考えた。実際に大手メーカーも参加するコンペで受注を獲得することで、社内に自信が生まれた。

営業マンは全員、CAD(コンピュータによる設計)を使えるようにトレーニング。提案のスキルを高めるために社内で発表会を定期的に開催している。こうした積み重ねでパッケージの全国コンテストでは何度も入賞。ここには「どこまでがんばれば全国レベルかはわかる」という大手で培った西田氏の感覚も生きる。大企業で働いた経験から、営業面でも必要以上に名前負けしない。数年前からは保温用箱も製品化。関連する部材を製造するために今度は社員を兵庫県豊岡市のカバンメーカーに送ってスキルを獲得した。

チャレンジは続くが、同族企業が成長するには戦略だけでは不十分だと自覚する。「苦しくても進み続けるには信念が必要。ファミリービジネスの場合、経営者にかかっているところが大きいと思う」と西田氏は話す。だから現場に積極的に足を運び、社内のコミュニケーションにも気を配る。当初段ボールが売り上げのほとんどを占めたが、現在は新分野が6割。15年には東京営業所を開設。今後も新分野を中心に成長し、20年に売上高を30億円に伸ばすのが目標だ。

ガンダムも経営に生かす町工場社長
父急逝で主婦から転身

同族企業はトップに権限が集中する分、急逝などで円滑に事業が引き継がれないときにはピンチになりやすい。ダイヤ精機（東京・大田）社長の諏訪貴子氏は32歳で急逝、専業主婦から二代目に就任。貪欲に学ぶ姿勢で危機を乗り越えた。

女の子向けのおもちゃや遊びよりも、男の子向けのほうが好きな子どもだった。テレビ番組も同じ。中でもダントツに好きだったのが「機動戦士ガンダム」で、毎週のストーリーにわくわくした。しかしそれが将来、社長として会社づくりに生きるとは思わなかった。きっかけは2年ほど前、単行本『「機動戦士ガンダム」が教えてくれた新世代リーダーシップ』を読んだこと。人材育成の必要性を感じ、リーダー論を学ぼうとしたが、経営書を読むのは苦手。何とかしなければ、と思っていた矢先、同書に出会った。

諏訪氏はダイヤ精機を立ち上げた父の急逝を契機に2004年、32歳で専業主婦から社長になった。それまでマネジメント経験はなかった。知らないことを素直に周囲に聞きながら、独力で身につけてきた経営の考え方。それが同書を通じて子ども時代から親しんできたアニメの世界と重なっている、と気づいた。「例えばガンダムを通じて、リーダーにはアシストリーダーが必要と知り、社内のあの社員にはこの社員をアシストとしてつけようか、と考えたりする。リーダーとしてどうあるべきか、どんな言葉で人が動くのかなどを考えるうえでも、参考になる点が多い」と話す。最近の「機動戦士ガンダム 鉄血のオルフェンズ」では、純粋な思いが力になる、と改めて知ったという。どんなことからも前向きに貪欲に学ぶ姿勢によって先代不在の困難な事業承継を乗り切った。

ダイヤ精機は東京都大田区に本社、工場を置く。近くを多摩川が流れ、周辺には中小の製造業が集積する。社員31人、売上高3億円と規模は小さいが、自動車部品用のゲージ（測定具）に強みを持つ。売り上げが約12兆円の日産自動車など大手企業と取引し、「町工場の星」と呼ばれる。社名のダイヤは業界用語でゲージを指す。父が創業したのは、高度成長期の1964年。重い病だった諏訪氏の兄の治療代を捻出するためだった。

兄は早世。容姿に兄の面影がある諏訪氏は周囲から「お兄ちゃんの生まれ変わり」と言われた。それもあってか、9歳上の姉は「お母さん子」、諏訪氏は「お父さん子」として育った。商工会議所の支部会長を務めた父は多忙。家族と夕食を囲むのは1年に2回ほどだけだったが、「その分、いっしょのときはうれしかった」と諏訪氏は振り返る。

父は諏訪氏に事業を継げと言わなかった。その代わり大学進学時、「工学部でなければお金を出さない」と宣言。「継げということかと思ったが、もし聞いたらそれが確実になる。だからあえて口にしなかった」（諏訪氏）。工学部に進むと「男として生きなければ」とノーメークのままオートバイで通学。そんな姿勢は母には理解されなかった。一方、大学生になっても、腕を組んで歩くほど父娘は仲がよかった。就職時には「ＯＬとして丸の内でのランチが夢」「高学歴、高収入、高身長の3高をつかまえて〝永久就職〟したい」とも思った。女子アナウンサーにも憧れた。しかし、「父が喜ぶことは何だろう」とどこかで考えた。結局、父が紹介した会社にエンジニア採用で入社。同じエンジニアとの社内結婚を契機に退社し、間もなく長男が生まれた。その後、「手伝ってくれないか」と言われ、父の会社に2度入ったものの、2度とも短期間で退社。理由は、経営環境の厳しさを知り、リストラを進言したこと。父は普段通りの口調で「明日から来なくていいから」と告げた。リストラするなら、まず身内から。それが父の考えであり、父娘にわだかまりはなかった。

父が亡くなったのは04年4月。諏訪氏は夫の転勤で小学校に入学した息子と3人で渡米する直前だった。突然のことであり、緊急入院した病院で父から最後に聞いた言葉は、会社の金庫の暗証番号だった。後継者としてはまず夫に声がかかったが、それまでの準備もあり辞退。困った幹部は諏訪氏に「社長になってほしい」と懇願した。しかし、経営の経験がないうえ、引き受けたら夫と離れて暮らすことになる。諏訪氏は悩み、さまざまな人に相談したが、誰も「受けるべきだ」とも「断るべきだ」とも言わなかった。

「それがよかった。それまでの自分の人生では決断することがなかった。しかし、もし社長を引き受けたら責任を持って決断していかなければならない。後悔しない道を選択するためには、自分の軸で決断することが大切だった」と諏訪氏は話す。ほとんど眠れない日が2、3週間続くなか、社員一人ひとりと面談。会社の存続を切望する社員の姿に、引き継ぐ決意が次第に固まった。著書『町工場の娘』には、父が夢枕に立った、とも記す。

最終的に承継を決めたのは、ダイヤ精機の将来を危ぶむ取引先が会社に来たこと。担当者が本社工場3階にある社長室入り口のドアの前に立ったまま、「娘が社長にならないなら、手形はもう受け取らない」と動かなくなった。困り果てソファに座ったままの幹部3人を前に諏訪氏は「私が社長になる」と告げ、事業の引き継ぎが決まった。母に伝えると、「哀れだ」と言われた。専業主婦の母は女性が働くことについて自分の価値観を持っていた。それでも、いったん固まった決意は揺るがなかった。「いずれやらなければならないなら、できるだけ早くやる」と、就任1週間でリストラを実施。社内は動揺しかけたが、3年がかりで改革に取り組んだ。このとき生きたのは「図面が読める」こと。金属加工の経験はなくとも、工学部出身でエンジニアとして働いた分、図面に従って製品を評価できる強みがあった。このため、現場の職人たちとのコミュニケーションは円滑だった。「理系に進んだことが生きた。先代の作戦勝ちではないか」と諏訪氏は笑う。

もう1つのポイントはわからないことは遠慮なく質問したこと。就任時32歳だった諏訪氏は「60歳の社長ならば何でも知っていて当たり前かもしれない。しかし、32歳の社長ならば知らないことがあるのが当たり前。だから何でも聞いた」と話す。銀行の支店長と対立しかけたこともあったが、次第に理解を深め、信頼関係を築いた。頭角を現すうちに、「女だから目立っているだけだ」「親の七光りだ」と言われたこともある。当初はつらかったが、「自分は目立てている。よかった」「先代がいたからこそ、私は光ることができる」と前向きにとらえ直してからは、気にならなくなった。大田区のものづくり企業の若手後継者とも積極的に交流しながら進んできた。経営は自分の役割である以上、夫に仕事の相談をすることはない。就任時に「哀れだ」と言った母は今では諏訪氏の考え方を理解し、活躍を喜ぶ。

経営者としての顔が目立つが、実は社長に就任してからも主婦の役割をずっと続けている。「足りないところはたくさんあるが、自分に負けたくないから」と、忙しいときも人任せにしない。息子が高校生のときには、朝6時に起きると弁当づくりをスタート。夫、息子を送り出してから出社する毎日だった。忙しい日々を送るが、「時間短縮には早く動けばいい。だから、家のなかを走ることもある」と冗談交じりに言う。社長になってから始めたバレエで週数回1時間半ほど体を動かし、心身をリフレッシュしてきた。

いっしょにガンダムの話をよくしていた息子は大学生になった。だが、会社の引き継ぎについて話したことは1回もない。諏訪氏は「父は私に継げということはなかった。私も息子に同じことをしている」と話す。奮闘する姿はＮＨＫのテレビドラマのモデルにもなった。

第4章

これからの老舗マネジメント

——続いてきた、だけでは続かない時代

留学で学んだ知識と違う京都の作法
老舗の一人娘がたどり着いたバランス

同族企業の後継者はMBAを取得したり、海外に留学したりする人が増えている。しかし、入社後、学んできた知識を生かそうとしてカベに当たることが多い。聖護院八ッ橋総本店（京都市）の専務、鈴鹿可奈子氏は米国でプレMBAを取得した後に職場に入った。社長を務める父と話し合いを重ねながら、米国で取り組んだ経営学と父が実戦してきた老舗の経営とのバランスを模索してきた。

家業に入ったとき、「身につけた理論と父の考えが一見違うように思えた」。こう振り返る鈴鹿氏は当初、せっかく米国で学んだことがあるのだから、会社に何か生かせないかと考えた。しかし提案のいくつかは父から「京都の続けていくお商売では違う考え方をする」と取り入れてもらえないことがあった。そこから、地域に根差した老舗としての在り方をもう一度考えるようになった。

■１０００年以上続く家に生まれ育つ

鈴鹿家は１０００年以上続く神官の系譜で吉田神社の社家。ファミリーが手がける聖護院八ッ橋総本店は３００年以上の社歴を持つ。幼いときには、母は生八ッ橋を細かく切って離乳食としても与えてくれていたという。自宅と会社は近く、もの心がついたときには社員が遊び相手。社内行事にもいつも出席。八ッ橋も会社も身近な存在だった。一人娘の鈴鹿氏が承継を意識したのは中学に入ったころ。それまで「継ぎなさい」と言われたことはなかったが、「継ぎたい」と伝えると父は喜んでくれた。大学進学時は経営に役立てようと経済学部を選択。入学したのは吉田神社や会社から近い京都大学で、在学中には米国の大学で経営学の基礎を学んだ。帰国後、信用調査会社を経て家業に入った。

京都生まれの京都育ち、慣れ親しんだ父の会社だけに、社内の空気は親しみがあった。工場などでの研修を経て鈴鹿氏が最初に取り組んだのが、包装紙の変更だった。聖護院八ッ橋総本店の主力商品のひとつ「聖」は１９６７年から販売しているが、包装紙は販売時よりデザインが変わっていなかった。このためか、社長である父から「より何か、新しい雰囲気に」と指示を受けた。

このとき鈴鹿氏は、京都の顧客は四季を楽しみにするうえリピーターが多いことから、「京都を彩る季節を包装紙で表現したものがあってもよいのではないか」と考えた。会社としては長年商品そのものにこだわっていたため、「中身が同じで包装紙が変わるというのはどういう反応があるか」といった不安もあった。それでも「まずは秋の商品で」と実施。同じ包装紙を通年で求める顧客向けの包装紙も同時に一新し、販売を進めた。結果、顧客の声は、「中身が同じだからこそ、包装紙が変わっても安心して購入できる」「やはり食べるのは定番のニッキと抹茶の詰め合せがよいけれど、これならば包装紙で楽しむこともできる」と好意的だった。「パッケージの力を感じることができたのは当然だが、お客様がいかに聖護院八ッ橋総本店の『味』に対して信頼を持ってくださっているかを知ることができた」と鈴鹿氏は話す。食べ物が商品である以上、味が大切だというこの事業の根本を改めて認識した。現在も同じ方法で販売しており、売上高は季節柄の包装紙が大半を占める。

時間をかけて培ってきたビジネスの世界は奥深い。一筋縄ではいかないことも多く、さまざまな場面で疑問にも直面することとなる。鈴鹿氏が米国で学んだマーケティング理論の一つがターゲティング。ターゲットとなる層を細かく絞り込んだ上で、その層に特化したニッチな商品やサービスを提供するというマーケティングの根本的な考え方だ。

「疎外感を与えては商売が続かない」

修学旅行生向けにチョコレートの商品を販売するとき、若い層向けの商品という鈴鹿氏のターゲット設定に対して、父は賛成だった。一方、包装紙を決める段階で十代向けとしてポップなデザインを提案すると、「社のカラーではない」と父に却下された。学んできた理論を持ち出し、説得を試みた鈴鹿氏に父は「違うのはわかる。理論の意味もわかる。ただ、続いていく京都のお商売のやり方というのも忘れないでほしい」と説いた。続けていくためには、ターゲットでない人たちの気持ちを忘れてはならない。その商品のターゲット外であったとしても、誰かに疎外感を与えてしまうならば、全てを受け入れてもらいにくくなり、顧客が離れてしまう——。それが父の考えだった。鈴鹿氏は受け入れ、最終的には別のデザインに決定。若者には「レトロでかわいい」と親しまれ、年配の人たちにも人気となった。それでも、鈴鹿氏はどこかに違和感が残った。

それがなくなったのは、2011年に新ブランド「n・i・k・i・n・i・k・i（ニキニキ）」を立ち上げた後。八ッ橋はお土産需要が強い一方、そのイメージからか地元の若い人が日常的に食べることが少ない。鈴鹿氏が友人に聞いても「最近食べていない」と言われ、残念だった。それでも、いざ一度口にすると、自ら購入してくれる。「八ッ橋のおいしさを、まずは偏見なく知ってもらおう」と発想。地元の若い女性をターゲットに、新ブランドづくりを進めた。ベースとなる八ッ橋や生八ッ橋はそのままに、さまざまな別の食材と組み合わせたり形を変えるなどしながら商品開発を進行。八ッ橋を前面に出さず、商品や店舗も従来とは大きく印象を変えた。

父の真意に気づいたのは店舗をスタートしてから。n・i・k・i・n・i・k・iはキーカラーとして当初、ピンクを考えていた。しかし、街に馴染みにくいという理由などから断念し、現在のグリーンに決定。これが当初予想しない形でもプラスに働いていた。どういうことか。

n・i・k・i・n・i・k・iには常連の顧客も多いが、そのなかには男性や70代、80代の人たちがいる。こうした顧客が「（全面グリーンの）手提げ袋も持ちやすい」と話しているのを、鈴鹿氏は知った。「ピンクにしていたら、恥ずかしくて持ちにくいとお思いになったかもしれない。幅広い人においしさを知ってもらおうと始めたのに、それではお客様をパッケージで分けてしまうことになっていた。聖護院八ッ橋総本店を愛してくださるお客様が『自分のほうを向いていない』とお思いになったら、それが口コミで広がり、やがてその層がゼロになる。今まで支えてくださったお客様に悲しい思いをさせるのは、続いていくお商売のやり方とは違う、と実感した」。父の「疎外感を与えるお商売は続かない」という言葉は娘に確かに伝わった。現在2カ所あるｎｉｋｉｎｉｋｉの店舗は毎日、商品が売り切れる人気を集める。収支的に安定し、八ッ橋の魅力を発信する役割を果たす。

培ってきたビジネスの奥深さは、日常的なつき合いの世界にも表れる。京都はつき合いや会合が多い場所。例えば年の始まりの1月はほぼ毎日会合があり、月に何回も同じメンバーが顔を合わせることもある。実際に集まって食事をしながら話すうち、異業種や異分野からそれまでにない発想を得ることがわかった。「こんなことができないか」「やってみよう」と話すうちにコラボレーションが生まれることもある。京都はそれぞれの業種の領分を大切にしている場所であり、新しいことをしようとするときには、専門分野のプロにきちんと依頼してそれぞれの仕事をする。新規参入がしづらいイメージがあるが、実はコラボレーションが成り立ちやすい。会合に顔を出し、関係性を築いていくことで、京都に馴染んでいく。「誰の紹介か、誰の繋がりか、を大切に考える土地柄。また、家族同士でのお付き合いが当たり前の業界で育ってきたので、今では多くの方々に支えられているし、またほっとすることも多い」と鈴鹿氏は笑う。

2時間でも3時間でも話し合う

約200人いる社員の人事評価や査定などには学んできた経営手法を生かす。ただし、学んだ知識をそのまま使うことはない。従来の年功序列を生かしながら、能力給を組み合わせた新しい仕組みづくりを進める。

父と娘はお互いに真剣だからこそ、考え方が食い違うこともある。うやむやにしない性格の鈴鹿氏は2時間でも3時間でも父と話し合う。ただし、同族企業はお互い遠慮なく話せる分、言葉が行きすぎる面がある。議論が次第に感情的な色彩を帯び、「普通ならば社長に対して言うべきでないことを言ってしまうことがある」と鈴鹿氏は語る。

そんなとき、お互いに意識的にインターバルをとることにしている。いったん頭を冷やして時にはメールでやりとりをし、お互いに納得がいく方法を改めて話し合うので、違う考えがあっても、対立にまで至ることはない。戸惑いながらも腰を据えてビジネスに取り組み、自社の流儀を理解したからこそ、こう話す。「何百年たってからも、八ッ橋がおいしくあり続けるために何ができるかをずっと考えていきたい」

十三代目社長が4倍成長を実現 300年企業の決断力

同族企業は事業を継続すると次第に従来のビジネスモデルが古くなり、やがて通用しなくなる。このため、先代の手法を踏襲するだけの後継者は、事業を次の世代に引き継げない。

むしろ、ときにはなりふり構わない必死さや切迫感を持って会社を変える必要がある。中川政七商店（奈良市）社長の十三代中川政七氏は担当部門の赤字を前に手探りで進み、独自の事業モデルをつくった。

江戸時代中期、1716年創業の中川政七商店は手織りの麻織物から事業を開始。手作業で普段使いする工芸品の製造・販売を手がけ、2016年に300年を迎えた。社長の中川氏は十三代目にあたり、この年に当主名の政七を襲名した。販売は父の代までは卸売りが中心だったが、中川氏は小売りに積極的に進出。生活雑貨の工芸品などを扱う店舗を全国49カ所に展開する。工芸業者や土産店のコンサルタントも行い、父の代に10億円規模だった売上高を5倍の約52億円（17年2月期）に伸ばしている。15年にはすぐれた戦略を持つ企業が対象のポーター賞を受賞。経営手腕に対する評価は高い。しかし、意外なことに父は当初、中川氏が入社することに反対だった。

頭を下げて入社を認めてもらう

大学卒業後、大手企業に入社した中川氏は2年後、自分の力を早くもっと発揮したいと考え、勢いのある中小企業への転職を模索。頭に浮かんだのが、東京に店舗を開設したばかりの父の会社だった。「正直なところ、社長の息子なら、高いポジションで活躍できるだろう」と甘く考えたところもあったという。父はそんな気持ちを見透かした。「2年の経験で何がわかるのか」「工芸の先行きは明るいといえない」「中小企業は大企業と違う」と理由をいくつも挙げ、入社に反対した。活躍するために考えた結論だと伝えても、父は首をたてに振らなかった。最後には何としても入社を許可してもらおうと、中川氏は父に頭を下げて、入社を懇願した。その姿を見た父はようやく息子が本気だと理解し、中川政七商店に入社することを認めた。

ただし、当時の中川氏にとって「家業に入る」意識はなかったという。父の会社はそれまであまり身近な存在ではなかった。自宅と会社が別だったこともあり、子どものころ会社に遊びに行くことはなかった。父は家で仕事の話を一切しないタイプで、ファミリーから「継いでほしい」と言われたこともない。「自分のやりたいようにやれ」。それが父の教えだった。このため、入社するのは父の会社に違いないが、中川氏にとってはあくまでも「中小企業への転職」だった。しかし、出社初日に〝事件〟が起こる。中川氏は自分が社長の息子として認識されているかどうか自体わからなかった。このため、自己紹介を促されたとき、「奈良県の……」と出身地から話し始めた。すると社員から「もちろん知っているよ」という声が聞こえた。同時に笑い声も起きた。「ファミリー出身だと皆知っている。そういう前提でこれから働くのか」。中川氏にとって衝撃だった。

土曜日が転機になった

実際、周囲の目から受けるプレッシャーに苦しむ後継者は少なくない。なかには耐えきれずに会社を去る人もいる。それでも、中川氏は「自分で選んだ道だったし、腰が引けることはなかった」と振り返る。社内は当時、父が管理していた茶道具部門と、母が担当で和小物などが主体の雑貨部門が2本柱。製造を手がける一方、販売は卸売りが中心だった。雑貨は赤字であり、茶道具の収益で何とか黒字を維持していた。中川氏の最初の配属は茶道具だった。経営にはかかわらず、父の指示で毎日、倉庫に入りきりになり、ひたすら配送の荷造り業務に汗を流した。

転機は「土曜日の気づき」だった。当時の中川政七商店は、土曜日は茶道具部門が休み、雑貨部門が出勤だった。このため、中川氏は土曜日に会社に来たとき雑貨部門に顔を出した。しかし、欠品していた商品を「いつも何個作っているのか」と聞いても、担当者は「わからない」というばかり。一方、売れていないのにどんどん仕上がってくる商品もあり、「なぜか」と尋ねると、担当者は「こちらのほうがつくりやすいから」と言った。中川氏は「これはまずい。自分は茶道具で荷造りするより雑貨に移ったほうが役立つ」と父に異動を直訴。父は「好きにすればいい」と認めた。こうして入社1カ月で茶道具から雑貨に移ったが、結果的にこれがよかった。茶道具は収益が安定していた半面、父が業務を熟知し、隅々まで目を光らせていた。このため中川氏が父を上回るのは難しく、「茶道具にいたら、1年たっても父に負けたままだっただろう。負けるうちは、何かしようとしても社内を説得できなかった」と話す。一方、赤字の雑貨は明確な業務フローがなく、だれが何を決めているか分からなかった。会社にとってマイナスの状態だったがその分、中川氏に活躍の余地があった。しかも雑貨部門は当時、茶道具部門と別の建物に入居していた。2つの建物の距離は約100メートル。遠いわけではないが、中川氏の働きぶりは普段、父の視界に直接入らなかった。このため、中川氏は自由に動きやすかった。「別事業でも同じ建物だったらしょっちゅう口出しされただろう」と中川氏は話す。物理的な距離が父との関係を良好に保つ効果をもたらした。

雑貨に移った中川氏は「とにかく数字を出してほしい」と頼み、まずは現状の把握に努めた。雑貨部門に最も精通する存在になると、次第に自分の考えが「正論」となり、社員を説得できるようになった。同族経営の後継者にとって、実績を上げることは、周囲に認めてもらう大きなきっかけになることが多いが、中川氏の場合もそうだった。

■川上の課題にも本腰を入れて取り組む

会社には当時、小さくない借金があった。中川氏は事業の将来を見据えたとき、実質無借金を目指すべきだと思った。しかし試算してみると、当時の黒字の幅では時間がかかりすぎる。明らかに事業モデルを見直す時期に差しかかっていた。

目指す方向は決まっても、そのための道は見えなかった。工芸業界がどうなるか。生活がどう変わるか。個人的な思いも含めて見極め、一つずつ取り組んでいくしかなかった。「生きていくためにはどうするのか。切迫感を持ってやれば、何か出てくる。必死さが何かを生み出すことは同族企業とか、中小企業とか関係ない」と中川氏は話す。ユニクロの店舗拡大のペースにも刺激を受け、やがてそれが「工芸のＳＰＡ（製造小売り）」という戦略ストーリーになった。この分野で初めての取り組みだったが、店舗数を着実に増やしながら収益力を高めた。

成長とともに新たな課題が浮上した。工芸のサプライチェーンは製造元が「ほとんどが6人までの小規模、7人超えたら中規模で、大規模はない」（中川氏）。例えば商品を１０００個つくるにも1社では難しく、１００個つくる会社を10社探さなければならない。「一番大切なのは製造力の確保」と気づいた。しかし、工芸業界はバブル崩壊後、市場が4分の1に縮小。廃業が相次ぎ、製造は細くなるばかりだった。川上の課題に本腰を入れて取り組むため、07年に「日本の工芸を元気にする」という経営ビジョンを掲げ、工芸メーカーを再生するコンサルタント業務をスタートした。

最近は土産店のコンサルにも踏み込む。土産品はここ30年ほど約3兆円と規模が変わらない。しかし、かつては食品と工芸品の比率がほぼ同じだったのが、最近は8対2。工芸の低迷が目立つなか、商品開発から手がける。その結果、例えば太宰府天満宮（福岡県太宰府市）

の観光案内所の併設売店では売り上げが6倍になった。

16年に300年の節目を迎え、「会社の歴史には感謝するし、恵まれている」という中川氏だが、経営判断の材料に入れることはないという。必死に考え、次の戦略をつかみとってきた。実はそれこそが中川政七商店の培った強さでもある。代替わりしたとき、父と二人きりでの食事の席で、父は「特に言うことはない。あえて言うならば、商売は続けてほしい。そのためにはこれまでのことにとらわれなくてもいい」と伝えた。継続するためにはこだわらない――。中川氏はその言葉に300年続いてきたファミリービジネスのDNAを感じた。だからこそこう言う。「守らなければ、といった考えはない。守ろうとしたら、戦略を考える足かせになるだけだ」

売れ筋は50万円のやかん 七代目が老舗再生

玉川堂《ぎょくせんどう》（新潟県燕市）は2016年に創業200年となった老舗で、鎚起《ついき》銅器という高級金属製品を手がける。売れ筋は1点で50万円のやかん、7万～8万円のきゅうす。一時厳しい経営状態にあったが、七代目社長の玉川基行氏が先頭に立って改革。同族経営の強さを生かしながら、売り上げを3倍に伸ばしている。

鎚起銅器とは、金づちを使って銅板を打ちながら器を作り上げていく伝統工芸。金属を伸ばすのではなく、打つことによって縮める点に特長がある。火に入れて柔らかくするなどしながら、職人は1点の製品を完成するまでに何万回も金づちを打つ。このため、例えばやかん1点をつくるのには、10日ほどかかるという。江戸時代の文化13年（1816年）に創業の玉川堂は、南北に長い新潟県のほぼ中央に本社を置く。創業のきっかけは近郊の弥彦山周辺で銅を産出したこと。なべ、やかんなどの製造からものづくりを始め、洋食器の産地として知られる燕周辺の金属加工の草分けになった。だが、地域有数の老舗も伝統工芸の長期的な低迷が進むなか、次第に経営が厳しくなった。90年代には赤字が積み重なる状況に陥った。

復活の立役者になったのが玉川氏だ。1970年生まれの玉川氏にとって、家業は子どものころから生活と一体だった。店舗の奥に自宅、その奥に工場があり、工場の昼休みには職人たちとよくいっしょに野球をした。兄が継ぐ予定だったが、玉川氏が大学浪人のとき、兄は交通事故で亡くなった。それを契機に「自分が将来、社長になる」と決意。広島の大学に進学後も、気持ちは変わらなかった。それだけに、卒業にあたって家業に入るのは自然なことだった。一方、玉川堂の経営はバブル崩壊の影響で厳しさを増していた。玉川氏は「半分つぶれ、いつなくなるかわからない状態だった」と振り返る。

当時の玉川堂は社長を務める父のほかに2人のおじがいた。1人は専務を務めながら現場に立ち、のちに人間国宝となった。もう1人は工場長を務めた。父も現場経験があり、ファミリーが中心となって国の伝統工芸品に指定された鎚起銅器の技術を受け継いでいた。玉川氏は「このため、入社したとき近隣の社長たちが『鎚起銅器はやはりすごい』『玉川堂は可能性がある』と声をかけてくれた。そのことがずっと自信になった」と話す。

これに対して、販売は課題が山積みだった。売り先の大半が新潟県内だったうえ、時代の変化で企業の記念品需要などが減少。個人向けのニーズの掘り起こしに取り組んだが、売上高の減少を止められなかった。ピークの70年代に3億円だった売上高は3分の1の1億円ほどに減少。経営は火の車だった。たいへんな状況のなかでファミリーのビジネスに加わる息子と家業の将来を慮ったのだろう。父は玉川氏が入社する1カ月前に事業の見直しを断行。40人ほどいた従業員を約20人に削減するリストラに踏み切った。先祖から受け継いだ事業を次の世代に何としても引き継ぐ――規模縮小はそのための苦渋の選択だった。

父の決断はその後の経営改革の下地になった。それでも燕に戻った玉川氏は、人員削減によって工場や事務所の様子が変わったことに気づいた。子どものころからかわいがってくれた職人のなかにも会社を去った人がいた。残った職人からは「社長の息子が入り、会社はどう変わるのか」という不安と期待が伝わってきた。玉川氏は当時20代半ば。「自分が立て直すしかない」と意気込み、自らの給料は「もらえる立場にない」と最初の1年間、月5万円だけにした。営業の最前線に立つと同時に、帰社した後には職人と現場に入ってものづくりを身につけた。

覚悟を持って臨んだが、肝心の営業は苦戦が続いた。取引先からは「売り方がへただ」「製品はいいが、経営がなっていない」と言われ続け、毎日寝る前になると悔しくて涙が出た。販売の根本的な見直しの必要性を痛感した玉川氏はやがて「新潟県内の法人販売が頭打ちである以上、県外の百貨店での個人販売を強化してはどうか」と考えるようになった。そのときボトルネックになるのは問屋だった。玉川堂の当時の百貨店販売は問屋経由だった。長年の商慣行から百貨店での販売価格は問屋が入る分、新潟での価格より割高になっていた。玉川氏は二重価格に疑問を持った。百貨店との直接取引に切り替えることで価格を一本化し、機動力も高めて販売を伸ばそうと思った。実は父も流通面の課題に気づいていたが、それまでのしがらみから踏み込めずにいた。玉川氏にとっても、問屋との関係をいきなり解消するのはリスクが大きい。そこでまず、それまで取引のない百貨店に対して問屋を介さず、独自にアプローチすることから始めた。

ただし、つてはほとんどなかった。若い玉川氏はサンプル品3、4点とカタログを入れたカバンを持って東京や大阪の有名百貨店をアポイントなしで訪問した。「今思えば、世間知らずだった」と話す玉川氏を救ったのは、ファミリーを中心に守ってきた製品力だった。新宿の伊勢丹の場合、玉川氏は売り場に直接行くと、バイヤーらしき社員を見つけて「製品を見てほしい」とその場で直訴。泥臭いやり方だったが、ちょうど金属分野の製品を探していたバイヤーは品質の高さを認めた。アドバイスを受けながら、製品をブラッシュアップ。当時は全国での知名度が低かったが、半年ほど後に実演販売のチャンスをつかんだ。

それでも玉川堂の職人はそれまで工場でのものづくりに専念しており、店頭での実演経験はほとんどなかった。このため、玉川氏が「店頭に出てほしい」と声をかけると、「そんなことはできない」と繰り返すばかりだった。このとき頼りになったのはファミリーだ。困っていた玉川氏に対し、工場長を務めたおじは「それならば自分が店頭に出よう」と名乗り出た。コスト削減のため、新宿で1泊5000円と最安クラスのホテルに泊まりながら連日、店頭に立った。

実演販売の効果は大きかった。一つは知名度の向上。実際に製品や製造方法を見てもらうことで、それまで玉川堂を知らない人に名前を覚えてもらうきっかけができた。もう一つは、顧客の言葉がじかに入ってきたこと。父も個人市場を開拓しようとデザインに力を入れてはいた。しかし、顧客の声を聞く場がなく、細やかなこだわりをとらえた製品がなかなかつくれなかった。実演販売を通じて細かな希望を直接聞けるようになり、製品開発のヒントを次々に得た。製品をそれまでのやかんやきゅうすから、ぐい飲みやビールカップ、ワイン関連など新しい分野に拡大。従来よりも小型の製品が多いため、社内からは「玉川堂がつくる必要があるのか」といった声も出た。それでも、工場長を務めたおじのサポートもあり、方針を変えなかった。次第に実績が積み上がり、常設販売にこぎつけた。大阪でも例えば、阪急うめだ本店では飛び込みからチャンスをつかんだ。

新たな販路のめどがついてきたなか、玉川氏は問屋を訪問。「百貨店とは直接の取引にしたい」と申し出た。問屋は了承したものの、それまでの在庫は一気に返品されることになった。このため、赤字続きだった玉川堂にその負担が重くのしかかった。しかし、直接取引に切り替えた効果はそれ以上に大きく、収支は少しずつ改善に向かった。「長期的視点に立って経営を考えたとき、どうしても流通を変える必要があると思った。一連の改革ではファミリービジネスのよさが出た」

父は玉川氏の改革を静かに見守った。会議に出ることもなくなり、余計な口出しをしなかった。それどころか、大ベテランの経理担当者2人が定年退職すると、経理学校に通って知識を習得。経理業務も担当するなどしながら、積極的に息子のバックアップ役に回った。2003年に玉川氏が「そろそろ社長になりたい」と申し出るとすんなり受け入れ、会長に退いた。14年には東京・青山に直営店を開設。青山ではやかんやきゅうすなど、伝統的な製品が主力だという。「新たな分野の商品で知名度が上がるうちに、ずっと手がけてきた分野にも光が当たるようになった」と玉川氏は説明する。かつては新潟県内での販売がほとんどだったが、最近は新潟以外が7割と逆転。中国、ロシアなど海外での販売も伸びている。今後は直営店による販売網の整備を目指し、「将来は燕の本店に世界からきてくれるようにしたい」と構想する。売上高は順調に伸び、入ったときの3倍でピークと並ぶ約3億円になった。損益は8年ほど前から黒字が定着。製品の魅力を通じて全国から美大生などが入社するようになった。

玉川氏は毎朝5時半に起床。7時45分には会社のそうじから仕事を始める。伝統工芸は苦戦するところが多いが、玉川氏は経験を踏まえてこう話す。「世界に誇るべき技術を持っており、本来ならば一番つぶれにくい商売。にもかかわらずいろいろな老舗がなくなっているのは、経営に課題があるから。後継者は改めてそのことを知るべきだと思う」

創業100年の町工場からIT企業へ大転換

先代までの事業がうまくいっていても、次の世代で同じように継続できるとは限らない。それだけに同族企業の後継者は次の事業の芽をみつけ育てる起業家の視点が不可欠だといわれる。ときにはそれがダイナミックな事業転換につながることもある。

スマートバリューはクラウド、モバイル関連サービスを手がけるＩＴ（情報技術）企業だ。大阪市に本社を置き、創業家出身の渋谷順氏が社長を務める。売上高は約65億円（２０１７年６月期）でジャスダックに上場している。ユニークなのはＩＴ企業にもかかわらず、90年近い社歴を持つこと。渋谷氏は先代までの取引関係などを生かしながら、町工場だった家業をＩＴ企業に変えた。

もともとは堺市で自動車関連の部品や機器の修理、販売などを手がけていた。兄がいる渋谷氏は子どものころ、事業承継を意識することはなかった。高校生になり、自宅に来る社員とマージャンをするようになってから家業との距離は多少縮んだが、それでも自分が継ぐとは思わなかった。父は典型的なワンマン経営者。大学受験がうまくいかなかった渋谷氏は、父の指示で進学しないで取引先の商社で働くことになった。

仕事は楽しかったが3年ほどがすぎた１９８５年、父の意向で家業に入った。部品の配送を任され、工場の仕事も手伝う毎日。父と意見が合わず会社を離れた時期もあったが、母が経理を担当する典型的な家族経営の町工場だった。社員は20人ほど。昼休みには皆で近くの公園に行き、ソフトボールの練習をした。6年ほど後には、大手自動車メーカーのエンジニアを務めていた兄が戻り、家業に加わった。父は将来の事業承継を意識したのだろう。本社を6階建てのビルに建て替え、世代交代に向けた布石を打った。

それでも2年ほど後、父が亡くなったときには、まだ引き継ぎが進んでいなかった。それまで決算書を見るのは父だけで、経営の実態を知る人はほかにいなかった。急遽、兄が社長に就任。渋谷氏は専務として支えることになったが、ここで初めて家業の経営が思っていた以上に厳しいことを知った。本社建設の借り入れなどが重く、債務超過になっていた。渋谷氏は「これまでのままやっても復活できない」と危機感を持った。

このときに生きたのが社歴の厚みだった。車載機器を扱う流れから、ファミリーの事業は90年代に入ると自動車電話の取りつけ工事や販売などを手がけるようになった。携帯電話も扱い、電話会社が携帯電話ショップを展開するときには「やってみないか」と声がかかった。これに呼応して販売代理店契約を結ぶと、渋谷氏は店長に就任。父の代までに培ってきた商流を生かしながら、店舗数を増やした。当時、ネットユーザー数の増加を目の当たりにした渋谷氏は、モバイル以外のビジネスチャンスにも気づく。このとき、目をつけたのがプロバイダー事業で、96年に子会社を立ち上げた。当初はここでも兄が社長、渋谷氏が専務だったが約1年後、兄が本体に専念するため、渋谷氏は子会社の経営を任された。

世代交代を経て、新事業で家業の立て直しを進めたが、実はここからがたいへんだった。兄が継いだ本体は携帯電話ショップが好調だったが、次に立ち上げた自動車用品関連のフランチャイズチェーン（ＦＣ）事業が苦戦した。一方、渋谷氏がトップとなった子会社は事業構造の変化によって、大手との競争に巻き込まれた。兄弟は２００３年、役割を変更。兄が会長として大所高所から事業全般をみる一方、渋谷氏が本体と子会社の社長を兼務する形に切り替えた。

■母を裏切れない気持ちもあった

渋谷氏は「社歴があり取引先も含めて皆をよく知っている。だから何とかしなければと思った」と振り返る。父が亡くなった後も事業にかかわる母を裏切れない気持ちもあった。家業を継続するために、本体は自動車用品のＦＣ事業から撤退。事業を町工場と携帯電話ショップに絞った。携帯電話ショップの好調が続くなか、町工場の業務は先代までの手堅いビジネスに集中させ、2年でほぼ黒字化。一方、子会社は業務を収益性の見込める法人向けに絞り、それ以外の回線ビジネスを他社に売却した。そのうえでネットワーク管理のノウハウを生かして04年、自治体のデータセンター業務に参入し、成長軌道に戻った。

ここから渋谷氏は管理体制の見直しに着手。それまでは社員が交通費を精算するとき、経理を担当する母が自分の財布からお金を出し手渡すこともあり、事業を伸ばすには社内体制の整備が急務だった。母も年齢を重ねて事業から身を引きたい気持ちが強かった。渋谷氏が社員とともに経理業務を引き継ぎ母が希望通り事業から離れると、さらに「責任を明確にして組織としての実力をつけるため」に06年、本体と子会社を再編。持ち株会社の下に町工場、携帯電話ショップなどをそれぞれ子会社として置く形態に切り替えた。雇用にこだわりながら部門ごとの収益力アップを図った。

家業はこの段階でＩＴ企業への転換が進んでいた。改めて事業の将来を考えたとき、焦点は町工場をどうするか、だった。渋谷氏は先代までの事業を特別扱いするのでなく、じっくり中身を見ることから始めた。町工場は当時、カーナビ関連と機器の修理が軸だった。このうちカーナビはＩＴとの連携が見込まれ、ほかの事業とつながる可能性がある。このため、渋谷氏は残すことを決めた。これに対して、修理はほかの事業とのつながりがなかった。家業から切り離そうと決め、母に告げると「次の時代に生きていけるような仕事に切り替えるべきだ」と賛成。最終的には13年、父から引き継いだ社名とともに知人の会社が引き受けた。町工場で働く社員には所属先を選択してもらい、ほぼ同じタイミングで父の建てた6階建ての本社を取り壊した。

12年に子会社と持ち株会社の経営を統合。クラウドサービスを強化し、かつての町工場はクラウド、モバイル関連サービスを手がけるIT企業に生まれ変わった。内部統制を整備するうちに上場を意識するようになり、3年の期間を定めたうえでチャレンジ。社員が積極的に動き15年、株式公開にこぎつけた。

■社歴の長さがほかのIT企業との違いに

大胆な事業転換を経たスマートバリューはIT企業にもかかわらず社歴が長い。渋谷氏によると、社歴の長さはほかのIT企業との違いにつながっているという。例えば、ITのなかでも比較的手堅いとされるストック型のビジネスを中心にするのはその表れ。またIT企業では社員の大半が若くラフな服装でバランスボールに乗って仕事をしたりすることもあるが、スマートバリューは違う。町工場時代から働く人もいるため社員の年齢層は広く、オフィス内はネクタイを締める人が多い。「いわゆるITベンチャーと違い、社歴に合った着実に成長する風土や文化があると思う。そして、こうした文化に肌感覚でフィットする人が入社していることが、事業の伸びにつながっている」と渋谷氏は話す。東京都世田谷区の妊娠期から就学前の子育て家庭を対象にした「せたがや子育て応援アプリ」を手がけたときには、新卒で入った入社2年目の女性社員が中心になった。

渋谷氏は2人の子どもがいるが、自分から事業の承継を求める考えはないという。「イノベーションの気概が損なわれるのがこわい」ため、ずっと賃貸物件に住む。数年前に大学院に通ったのは、現場で身につけた経営に対する考え方を学問の視点で見直したかったから。「苦労して自分のロジックにしてきたことが教科書に書いてあった。まだ知らないことも多数あり、勉強になった」と話す。

1928年創業のスマートバリューは、間もなく事業開始から90年になる。渋谷氏はその先にある創業100年も見据えてこう話す。「100年企業を実際に目指すことのできるベンチャーはなかなかない。社歴があることを大切にしながら、ずっと続く会社を目指したい」

第5章
脱同族という選択
――「その先」にあるものを求めて

ＹＫＫ
脱ファミリービジネス、それでも非上場の理由

苦難を乗り越えて事業を立ち上げる創業者に比べ、二代目の果たす役割は分かりにくい面がある。ＹＫＫグループの二代目は「振れすぎた振り子を元に戻す」ことを自らの役割と悟った。非上場のまま脱同族を進める一方、新しいビジネスによってファミリーの次の役割を見据える。

ＹＫＫグループはファスナーを手がけるＹＫＫ、建材関連のＹＫＫ　ＡＰを中心に売り上げが約７１２７億円（２０１７年3月期）。ファスナーの世界最大手であり、非上場の大企業の代表格として知られる。会長の吉田忠裕氏は創業家の出身だ。会社を立ち上げた父の忠雄氏は「ファスナー王」と呼ばれたカリスマ。強力なリーダーシップと鋭い経営感覚を持ち、会社の隅々まで熟知していた。一方で吉田氏によると「全社員を自分のような経営者に育て

る」ことに力を注ぎ、「吉田家の会社」という発想はなかったという。子どもの教育についての考えも独特だった。吉田氏は小学生のころから「米国に行け」と言われて育った。大学進学にあたって将来について相談すると、父は「労働組合の委員長になれ」とアドバイス。吉田氏は大学で労働法を学び、卒業すると米国のビジネススクールに留学した。最初の学校はウォール街の近くでマネーゲームの色合いが強く、経営を学ぶために別のビジネススクールに移ってマーケティングの泰斗、フィリップ・コトラー氏らに学んだ。

ビジネススクールの同級生は著名企業の創業ファミリー出身者が何人もいた。親の七光を好まない風潮が強く、吉田氏は「父の会社以外で働きたい」と思うようになった。2年制の1年目が終わるころ、いくつかの会社の面接を受け、日本の大卒初任給の7倍という高評価のオファーも受けた。挑戦したい気持ちが強くなり、いったん帰国して相談すると、父は賛成、反対を伝える代わりにこう言った。「ウチの会社に入ったほうがもっと早く経営の勉強ができる」。YKKは当時、現地投資による国際展開に本腰を入れ始めた時期。それだけに父の言葉は魅力的だった。こうして「ファミリービジネスだから」はなく、「自分の望む仕事があるから」が決め手となり、吉田氏は入社を決めた。

最初はものづくりの拠点である黒部事業所（富山県黒部市）に配属。独身寮に入り、現場に何度も足を運びながら原価計算をトコトン身につけた。やがて海外事業部に異動すると、新たな海外拠点の立ち上げで世界中を飛び回った。市場環境は国ごとに違い、各地で様々な課題に直面する毎日だった。１９８６年に父が体調を崩したとき、意思決定の円滑化を図るため経営会議を新設。社内からの「おさまりがいい」という声を受け、吉田氏は様々な案件を父に報告する立場となった。当時、カリスマの方針に異を唱えることはタブー。時代の変化や企業成長のなかでも、従来の判断に固執することがあった。また影響があまりに強かったため、示した方針がいきすぎることもあった。例えば、建材事業について父は自社の技術でまかなえて大量生産できるアルミ部材こそが事業領域ととらえていた。一方、吉田氏は、ビル需要や海外企業の事業展開などから、小ロットに対応すると同時に樹脂やガラスなどを含む方向に事業ドメインを切り替える必要があると考えた。

何度も激論した末、吉田氏は改革を進めるために自らが中心となって90年に建材を担当するＹＫＫ　ＡＰを立ち上げた。まず着手したのは流通面。ＹＫＫではそれまで全社員を経営に参加させる父の方針から、地域ごとに社員が独立した建材販売会社が多数あった。しかし、一元的な在庫管理ができないなどから、弊害が目立ち始めていた。危機感を持った吉田氏は父の方針を見直し、反対を押し切って販社の統合に着手。「息子の造反」ともいわれたが、ひるまなかった。こうして流通構造を見直しながら、事業ドメインをアルミ部材から「窓」に変更。新たな成長の礎を一歩ずつ築いた。

■二代目には二代目のやり方がある

父は93年に亡くなるまで「終生社長」を貫いた。吉田氏は二代目社長に就任したとき、「カリスマだった先代と比較しないでほしい」と宣言。組織として先代の発想を生かす経営を目指そうと考えた。ただし、時代が変わっていく以上、全てを踏襲してもうまくいかない。いきすぎた部分は取り戻さなければならない。それまでの取り組みから「振り子が振れすぎたら、元に戻す。それがファミリー出身の二代目としての使命だ」と決意を固めた。その象徴が94年の社名変更だった。社名はそれまで吉田工業で、ＹＫＫはブランド名にとどまっていた。欧米の有力企業がファミリー名を社名に入れることにならい、海外でも国ごとに社名に名字を入れた。このため、グループは吉田の入った社名がずらりと並んでいた。一方、企業規模の拡大によって、ＹＫＫの商号はこのころ世界中に知られるようになっていた。そこで吉田氏は「社名とブランドを統一したほうがいい」と考え、社名から創業家の名字をはずすことを決めた。難しい決断だったが、ファミリー出身のためスムーズだった。先代が吉田家の会社という考えを持たなかったことも後押しした。

経営メンバーも非同族化が進んだ。経営会議が発足した当初、メンバーには吉田ファミリーが何人もいた。ただし、吉田氏によるとこれは、慢性的な人手不足が続くなか、親戚や地域社会のつながりを生かし、成長してきたためだった。「人を競わせる名人だった」先代が意図した通り、社内には健全な競争関係が生まれていた。吉田氏が血のつながりでなく、実績での評価を徹底するのは当然だった。２０１１年にはグループの中核であるＹＫＫ、ＹＫＫ ＡＰの社長をいずれも非同族の幹部に引き継いだ。

中核の2社の幹部には吉田氏以外のファミリー出身者がいない。また、吉田氏の子どもも入社していない。グループには親戚の子弟が数人働いているものの、社員はファミリー出身であることを知らないという。特別扱いせず、個人として評価する。

株については創業者の考えを守って非上場を貫き、その方針はこれからも変わりない。

先代にとって、「株は事業への参加証」だった。だからこそ、最も大切なステークホルダーである社員が持つべきであり、外部の資産家が所有することを許さなかった。こうして社員が給料と賞与を貯蓄して株を買って配当を受け取り、退職時に次の世代の社員のために額面通りの金額で株を売る形ができた。しかし、企業規模が大きくなると賛同しない人が出たため、新たに社員持ち株会をスタート。今では社員持ち株会がＹＫＫの筆頭株主となっている。それに次ぐ吉田興産は株の一部を管理する会社だが、将来吉田氏がＹＫＫを去った場合、今のままでは創業以来の考え方に合わなくなる。そこで吉田氏は、ものづくりの拠点を置く黒部を盛り上げる事業会社への脱皮を進めている。

取り組むのはヤギ乳を使ったチーズ加工。「本気で新しい事業を興したい」と意気込む吉田氏は、スケジュールが合う週末には黒部でこの業務に当たる。製品はイタリアのコンテストで最高賞を受賞。品質をさらに高めていき、次の世代の地域貢献につなげる。黒部では、40代のとき全国で最も若い商工会議所会頭を務めて以来、まちづくりにも積極的にかかわってきた。北陸新幹線の開業も一つの契機となり、本社機能の一部移転を進める。

ＹＫＫグループの売上高は吉田氏が引き継いでから1・8倍に成長。守るべきものと変えるべきものを見極め、ファミリーと会社の関係を見つめ直す。二代目には創業者と違う役割が確かにある。

同族会社去り起業、東証1部にその後きっぱり身を引く

同族経営への違和感から後継者がファミリーによるビジネスを離れるケースはそれほどめずらしくない。なかには同族企業での苦い経験を糧にしながら起業家に転じる人もいる。ブライダル事業を手がけるノバレーゼ創業者、浅田剛治氏は父の会社を引き継いだが、考えの違いから退社。同業種で2000年、現在のノバレーゼを立ち上げると、ハウスウエディングなどを強みに成長。06年に株式公開し、10年に東証1部上場となった。浅田氏はその後、

経営と所有の両面で会社を離れ、ノバレーゼは非上場化している。

浅田氏は6人兄弟の5番目。姉3人と兄、妹がいる。大阪の下町で住宅事業などを営む父は浅田氏が小学2年生のとき、名古屋で結婚式場の運営も開始した。姉が次々と嫁いだこともあり、浅田氏は早くから「いつか自分が父の会社をやらなければならない」と思うようになったという。大学進学を機に上京。就職時は「父を継いで経営者になる以上、経営意識の強い会社でもまれたい」と、リクルートに入社した。刺激的な毎日だったが1年半後、父が体調を崩し、サポートするため家業に入った。担当は名古屋の結婚式場。住んだことがないし、友人がいなかった。事業内容にも興味がなかった。それでも父の指示は絶対。「やらない選択肢はなかった」

父は名古屋の現場を番頭役の幹部社員に任せきりにしていた。顔を出すのが1年1回、1時間ほどのため、社員はトップの顔すら知らなかった。現場の空気は緩み、やる気も目標もなかった。夕方に客用のビールの栓を抜いて飲む人や担当の結婚式を二日酔いで休む人もいた。短期間とはいえ東京でバリバリ働いた浅田氏は落差に驚いた。「自由気ままな無法地帯」を変えようと動いたが、ぬるま湯につかった社員は猛反発。浅田氏が現場を知るため結婚式の運営業務に入ると、ウエディングケーキ用のナイフを隠されたり、キャンドルサービス用のトーチからガスを抜かれたりした。それでもめげず、1年ほどで社長に就任すると現場のやる気を高めるため経営改革に着手。「父は細かい話をしないから、自分の考えで進めた」。現場を仕切ってきた幹部は不満を募らせ、浅田氏の父に「息子の態度がおかしい」と手紙に記して送った。父は驚いて浅田氏を大阪に呼んだが、事情を説明するとわかってくれた。居場所を失った幹部は会社を去った。3年で社員約30人をほぼ入れ替える一方、当時はめずらしかったチャペルを新設するなどハードを整備。「業界全体の意識が低く、しっかり取り組めば成果が出る状態」も重なり、在職した約6年で売上高を5倍に伸ばした。

父の事業を息子が次のステージに導く理想的な事業承継にみえた。しかし、親子は浅田氏が「家族のにおい」と呼ぶ点、つまり家族と会社の関係において最初から考えに隔たりがあった。父はあくまでも同族による経営にこだわり、社員に経営を任せる視点を持たなかった。これに対し、浅田氏は「『最終的にはやはり親族』と思われるようでは、経営を担う人が集まらないし、事業を伸ばせない」と発想。社員に仕事を任せると同時に将来、優秀な人材が育ったらファミリー外でもバトンタッチしようと考えた。脱同族を進め、株式公開も視野に入れた。考えに違いがある分、浅田氏は父と衝突しないように心がけていた。父の方針に違和感があっても全否定することはなかった。「自分が実権を握った段階で目指す方向に持っていけばいい」と考えた。

だが、父子は結局、激突する。きっかけはファミリーの入社だった。2番目の姉が働き口を探していたとき、浅田氏はウエディングドレス関連の子会社を姉に紹介した。家族のにおいを会社に持ち込むことを嫌う浅田氏はこのとき、姉が創業ファミリーの一員であることを社内で一切明かさなかった。当時、活躍した社員に報いるため成果連動型の報酬制度を導入。社内の活性化を図っていた。実績を上げた社員の抜てきも進め、姉を配属した子会社の社長はその一人だった。しかし、姉は上司である子会社の社長とどこか合わない面があったようだ。母に対してたびたび「あの社長は気に入らない」と不満を訴えるようになった。そして、それはやがて父に伝わった。激怒した父は再び大阪に浅田氏を呼んだ。

怒りには実は伏線があった。父は浅田氏の社長就任後も年1回名古屋を訪問したが、浅田氏は「何もしないのに、社員にオーナーとして振る舞うのが嫌だった」。姉とのトラブルの少し前に父が名古屋を訪れたときには、浅田氏は父が事務所に入るとカギをかけて社員に会わせなかった。「しっかりもうけるから『留守で元気』にしていてほしい」と伝えたが、父は納得しないまま大阪に帰った。そのことが頭に残っていた父は姉の不満を受け、「子会社の社長をすぐ辞めさせろ」と命じた。しかし、浅田氏は「親族の都合で社員を解任していては経営できない」と受け入れなかった。「辞めさせろ」「できない」と繰り返すうち、浅田氏は我慢が限界を超え、とうとう「出ていく」と宣言。父に正面から逆らったのは初めてだった。父が「それなら出ていけ」と返すと、姉に同情する母も「出ていけ」と追随。浅田氏はこうして家族と絶縁状態になった。

会社の株式は父が100%所有していたため、浅田氏は会社を去るしかなかった。ファミリーでのビジネスにこだわる父は浅田氏の代わりに長女を社長に据えた。引き継ぎの期間が3カ月ほどあり、社員に別れを告げることはできたが、理由は「一身上の都合」。脱同族経営を意図してきた以上、退社の理由が家族の対立だとは言えなかった。

■事業承継と起業の違い

浅田氏は当時30歳。起業家に転じるきっかけは父の会社での部下が「もう一度、いっしょにやろう」と声をかけたことだった。それまでの取り組みは中途半端な形で挫折。「今度こそ、自分の目指す経営を追求したい」と思った。当初、関心がなかったウエディング事業はいつの間にか最も得意で好きな仕事になっていた。だから起業にあたって事業分野として選ぶのは自然なことだった。2000年、現在のノバレーゼを立ち上げた。父と同業になったが、市場規模の大きさから「気にする必要はない」と思った。

しかし、父は違った。親の言うことを聞かずに出ていったがいずれ会社はつぶれ、わびを入れて帰ってくる。だから早くつぶれろ――こう繰り返していると、比較的早く親子関係を取り戻した母から聞いた。実際、父は取引先の生花店や酒販店にノバレーゼと取引しないように声をかけた。このため、仕入れ先は一から探さなければならなかった。

それでも経験を積んだスタッフが集まったことから、立ち上げた会社は創業期から順調だった。施設を持たず、ウエディングドレスの販売・レンタル、式場を借りた結婚式のプロデュースに集中。料亭での結婚式プロデュースで件数をそれまでの10倍以上に伸ばすなど実績を積み上げた。取引先に対する父の締め付けを「過去にとらわれずにビジネスを組み立てる」という前向きなエネルギーに変えた。浅田氏は「父の会社は当初、社員が何を言っても動かなかったし、さまざまなしがらみもあったため、トータルでは負の遺産のほうが大きかった。一方、ノバレーゼはゼロからのスタートだった分、余計な気遣いが不要。最初から社員とは言葉も通じた」と振り返る。

絶縁状態だった父と再会するのは起業から1年ほど後。お墓がきっかけだった。父がお墓を購入したことを契機にファミリーが全員集まることになった。浅田氏は父とのつき合いがなくなっていたが、このときばかりは「その場には来い」と連絡が入った。浅田氏もさすがに断る気持ちになれなかった。1年ぶりの父の姿を前にしたとき、浅田氏は素直に言葉が出てきた。「若気のいたりでやんちゃなことを言ってすみませんでした」。父にはメンツがある以上、何があっても「戻ってこい」と言えないことはわかっていた。だからこそ、浅田氏は自分から謝った。「ノバレーゼは既に立ち上がっており、父に依存することはなくなっていた。会社での関係がない分、やさしい気持ちになれた」。姉との関係もこのとき修復。母は「お父さんの下にいたら自由にやれない。だから、出ていってよかった」と言った。

好事魔多し。パートナーだった料亭の運営会社が新たなウエディング施設を立ち上げるとき、運営会社の社長の妻の提案に意見を伝えたことが反発を招き、ノバレーゼはそれまでの取引をすべて打ち切られた。ピンチだったがこれを契機に03年、施設の所有に転換。運営の自由度が向上したことできめ細かなサービスが可能になり、次の成長につながった。施設所有は事前に父や姉に伝えなかった。家族としては和解し、事業では別の道に進んでいたからだ。父の会社を継いだ姉とは起業から4、5年すぎたころから同業者として「会社の状況はどうか」といった話をするようになった。

起業時からノバレーゼを同族会社にする意図は一切なかった。それどころか、早くから「45歳までに引退」を公言。「期限を明示し、将来社長になる意欲のある人に入ってもらおう」と考えた。公私の区別には徹底的にこだわり、家族のにおいを会社に持ち込まなかった。妻や2人の子どもはオフィスに来たことがない。16年3月には生え抜きの社長に交代。「オーナーと思ったことは一回もないし、自分が会社を手塩にかけて育ててきたつもりもない」という浅田氏はファミリーと会社のあり方について考えてきた。「自分が会社を去ったら、ファミリーが果たす役割はない」と話していた浅田氏はその後、株の所有でもノバレーゼからきっぱり身を引いている。

家業を閉じた過去
スーパーホテル会長の船場・商人道

同族企業では円滑に事業承継できなかった結果、ファミリーによる経営が行き詰まることがある。スーパーホテル（大阪市）会長の山本梁介氏はかつて家業を引き継いだ後、短期間で閉じた。それでもファミリーの培った経営のDNAは引き継ぎ、今の事業にこぎつけた。「あのころは家業を閉じようと何度も思った。そのたびに『先祖に申しわけない』という思いが頭をよぎり、なかなか言い出せなかった」。全国に124カ所を展開するスーパーホテルの創業者である山本氏は、家業をめぐってかつて苦悩した日々をこう振り返る。スーパーホテルは暗証番号をドアのテンキーに入力する仕組みでルームキーをなくすなど、独自の取り組みでコストダウンを徹底。一方、社員、アルバイトの教育に注力してきた。同時に朝食サービスにマーガリンでなくバターを使うなど、「豪勢ではないが本物主義」を標榜するユニークなビジネスモデルで業績を伸ばす。国内だけでなく、ベトナムなどアジアでも施設を展開。日本経営品質賞を2回受賞している。

山本家は大阪の商人町、船場で繊維商社を手がけていた。1890年に創業で、戦前までは国内屈指の綿花商だった。創業者である祖父は立志伝中の人物。原綿を船から陸揚げするときの「落ち綿」を洗って乾燥させて売り、事業基盤を築いた。自前の紡績工場を持ち、原綿の相場変動を見ながら糸販売も手がけるなど、独特のビジネス感覚を持っていた。中国など海外にも積極的に進出。婿養子だった山本氏の父が二代目となり、事業をさらに伸ばした。戦後、海外資産は失い規模を縮小したが、父は船場で事業を守った。創業者の娘である母もこの会社で役員を務めていた。家業の歩みをよく知る母は会社への思いがファミリーのなかでも強かった。42年生まれの山本氏は母に連れられて会社によく顔を出した。番頭から「ぼん」、女性事務員から「坊ちゃん」と呼ばれ、運動会やマツタケ狩りといった会社の行事にも参加。小学5年生からは自宅が船場近くに転居となり、事業はさらに身近になった。

船場の商家らしく、「死に金使わず、生き金使え」「平凡の凡を積み重ねて非凡となす」などの言葉が家の中で当たり前のように飛び交うなかで育った。父からも母からも「会社を継いでほしい」と言われたことはなかったが、長男だったこともあり、山本氏は自然と「継がなければいけない」と思うようになった。大学に進学すると将来の事業承継を意識し、新しい経営理論を意欲的に学んだ。在学中は実家のサポートで中南米を旅行した。1ドル＝360円で海外旅行がまれな時代。同行者は経営者の子弟が多かった。

64年に卒業すると、修業のため父と懇意の幹部がいた大阪の繊維・化学品商社に入社。「リスクを冒さずに口銭を稼げ」という風潮が強かったが、大学で身につけた知識などから「金融と配送、そして開発力がこれからの商社の道になる」と考えた。自らの発想に基づき、デザイン性の高い女性用下着を提案。船場では「誰が買うのか」と笑われたが、やがて大手メーカーの目に止まりヒットし、成功体験になった。

父が体調を崩したのはそんなときだった。家業のピンチを前に、山本氏は3年で修業先を退社して父の会社に移った。自宅療養中の父に会社の出来事を報告するのが日課。うなずきながら聞く父の姿を見て、山本氏は父が親子で経営を語る時間を楽しんでいると思った。当時の社員は約120人。番頭役の古参幹部には「ぼんは判子だけ押してくれたらいい」と言われた。しかし、子どものころから「判子を押すことで問題は起こる」「判子は命より大事」

と聞いて育った山本氏は、何事も父と相談しながら進めた。父と考えが違うこともあったが、「対立したら体調の回復にマイナスになるのではないか」と考え、言葉をのみ込んだ。

1年ほどで父は亡くなり、山本氏は25歳で社長に就任した。それまでに社外での成功体験を持ち、社内には幼いころから知る社員が多数いた。父との引き継ぎ期間もあり、山本氏は三代目として会社を伸ばそうと意気込んだ。

だが、うまくいかなかった。継いでからわずか4年で、80年ほど続いた会社をたたむことになった。「今思えば、経営を知らないごう慢な若者だった」と山本氏は振り返る。

当時強く思ったのは、新しいことに取り組まない限り、成長できないということ。だからといって、誰にもできないものをつくるのは難しい。「それならば、誰にもできないほど生産性を上げよう」と発想し、得意先のＡＢＣ分析を導入。業績グラフを社内に張り出し、経営書も１００冊以上読破した。取り組んだ内容は間違っていない、と今でも思う。しかし、若さが裏目となり、社内をまとめきれなかった。「リーダーシップとは責任感の大きさなのに、当時は権利や権限で押しつけることだと誤解していた」と山本氏は語る。例えば、改革を急ぐ山本氏に、古参幹部らは「社長の言うことはわかるが、現実にはそうはいかない」と伝えた。そのたびに「押しつけ方が足りないからだ」と考え、厳しい態度で臨んだ。社内だけでなく、自宅からも電話で営業担当者や傘下の工場長に対して強い口調で指示。船場でずっと生きてきた母からは「そこまで言ってはいけない」と注意されたが、態度を変えなかった。

次第に社内で孤立するようになった矢先、傘下の工場で激しい労働運動が勃発した。古参幹部はそのとき、山本氏でなく社員についた。「ゴルフで初めてグリーンに出て、思いきりクラブを振り回す。そんな状態だった分、脇が甘かった」。最終的に労働条件をめぐる交渉が妥結し、争議は収まったが、社員の気持ちは離れていた。一方で繊維産業はかつての勢いを失っており、「今のユニクロのような発想はできなかったから、将来的に見てもう難しいとも思った」と山本氏は話す。社内を掌握できない状況に事業環境の変化が重なり、会社を閉じようと考えるようになった。しかし、そのたびに「先祖に申しわけない」気持ちが頭をよぎり、決断できなかった。特に気にかかったのは母だ。母にとって会社はずっとそばにあり、会社の歩みが家族の思い出と重なっていた。会社を閉じたいと打ち明けたら、どれほど失望するか——。そう思うと、言い出せなかった。また、言ったところで、強い思いを持つ母を説得するのは難しいと思った。それでも、状況は悪化するばかり。そこである日思い切って、母に素直に気持ちを伝えた。「会社を閉めさせてほしい」。意外なことに、母は反対しなかった。「閉めるというなら、閉めなさい」。役員を務めていた母は自分でも労働争議の真っただなかに工場を歩き回り、社内の状況を知っていた。繊維産業の変調にも気づいていたのか、山本氏の提案をすんなり受け入れた。一方、船場の女性らしく、こうつけ加えた。「その代わり、毎月決まった金額を私に持ってこないといけない」

母の了解を取りつけた山本氏は、会社ののれんを古参幹部のつくった会社に移す形で家業を閉じた。傘下の工場は大手企業に売却。祖父と父が築いてきた事業から離れた。

それでも、取引先に迷惑をかけず、社員の雇用も維持したため、わだかまりは残らなかった。「社員にとっては、『わけのわからないぼんがいなくなってよかった』面があったかもしれないが、全力投球だったことは、わかってもらえたと思う」と山本氏は語る。ファミリーが蓄積してきた資産もあったため、生活費に困ることはなかった。しかし、「何もしない」という選択肢は思い浮かばなかった。確かに母は了解したが、「別の分野で今までに負けない事業をつくらないと、先祖に申しわけない」と強く感じた。

そんな使命感、責任感が次の事業のバネになった。家業を閉じる前後から不動産事業に参入。70年代以降、単身者の増加を見越したシングルマンションで成長した。一時は関西を中心に約5000室になった。「家業は閉じたが祖父、父と受け継いだ精神があったからだ、と思う」と山本氏は説明する。母は感慨深そうに「事業のDNAがあるからや」と言った。

■船場の教えは「今も生きている」

このころ初めて、祖父が繊維業の一方で不動産事業を手がけていたことを知った。縁を感じたが、90年代に入ってからのバブル崩壊で痛手を受け、所有した施設の大半を売却した。それでもめげなかった。今度は不動産業の経験を生かしながらホテル経営に転じ、宿泊に特化した戦略で全国展開を実現した。再び軌道に乗ったころ、「毎日、温泉に入りたい」という母への親孝行の思いもあり、大阪市内で温泉の掘削に着手。成功すると、母は喜んだが「自分だけではもったいない。いろいろな人に使ってもらおう」と言った。結局、その場所にはホテルを建設。母は完成前に亡くなったが、最後まで船場の女性らしい生き方だった。

家業は閉じたが、「生き金を使え」「平凡の凡を積み重ねる」といった船場の教えは「今も事業を考えるうえで生きている」と山本氏は話す。思えば、家業を閉じるころ、初めて手がけた不動産物件は船場周辺のビルだった。そのビルには一時、スーパーホテルの本社も置いたが、老朽化のため建て直して16年4月、新たにホテルを開業した。

家業を閉じた経験は今につながっているが、その道は真っすぐではなかった。家業で社員の心が離れた反省から、不動産業に転じた当初は「思いを共有するために経営理念を浸透させよう」と思った。しかし、多額の資金を動かし、一度の取引で大きな利益を上げるうち、それがいつしかないがしろになった。2度の挫折から、スーパーホテルでは経営理念に本腰を入れて取り組むことを決意。毎日の朝礼を充実させるなど、社員一人ひとりを見つめ、自律的な成長を促す仕組みを導入した。それが2回の日本経営品質賞につながった。

スーパーホテルでは、長男が本体の副社長、次男が関係会社の社長を務める。事業のDNAを実感してきた山本氏は2人に語る。「大企業で同じ地位にある人は様々な競争、理不尽を乗り越えているから、そうしたスキルではかなわないかもしれない。しかし、企業経営はスキルと経営理念の両方が必要。ファミリーは事業への思いでは強さがある」。情に溺れるつもりはないが、これからもファミリーのよさを経営に生かす考えだ。

倒産のその後で林原元社長が語る兄弟の「自立と絆」

同族企業はときとしてファミリーが意図しない形でその手を離れる。例えば複数の同族が同じ会社に在籍しているとき、意思疎通がうまくいかないために社内が混乱することがある。それは仲のよかったはずの兄弟でも同じことだ。

岡山市のバイオ企業、林原は2011年2月に会社更生法の適用を申請するまで技術開発型の同族会社として知られた。破たん原因の一つは、研究開発に没頭する社長で兄の林原健氏と経理担当を務めていた専務で弟の靖氏とのコミュニケーション不足にあったという。次の道に踏み出している兄の林原氏に話を聞いた。

経営破綻後、兄弟の辞任で同族経営に終止符を打った林原は専門商社、長瀬産業をスポンサーに更生を進行。長瀬産業の完全子会社になり、12年3月には更生手続き終結が決定した。主力事業である天然甘味料「トレハロース」などを柱にしながら、新たな成長戦略を歩んでいる。かつて本社や駐車場などがあったJR岡山駅近くの広大な所有地は、会社更生法申請から約7カ月後、大手流通のイオンモールに売却する契約を締結。建物などは解体したうえで14年12月、大型ショッピングセンターに生まれ変わった。周囲にはかつての面影が消え、時の流れを感じさせる。

旧経営時代に社長だった兄の林原健氏は現在、大学の名誉客員教授として教壇に立つほか、複数の企業で製品開発などのアドバイザー役を務めている。ライフワークとして力を注いでいるのが、これまでの経験や培ってきた発想を長男に伝えること。林原氏によると、そこには繊細なところがあり、どうしてもファミリー同士でしか伝えられない部分がある、という。それを「一子相伝」で伝えながら、新しい技術とドッキングさせることでこれまでにないものができないか、と構想する。「直接伝えるから特許はいらない。極端にいえばこのやり方ならば、かたくなに守っている限りは何百年でも続く。そういう形でこれまでにないモデルをつくるのがテーマだ」と林原氏は話す。企業化して大きくしていくつもりはまったくない。同族の強みを生かした新しい家業のあり方を模索している。

オーナー経営者でなくなった後、同族経営の内実を明らかにする単行本『林原家〜同族経営への警鐘』を14年に出版。冒頭に「多大なご迷惑をおかけしたことを、元社長として心よりおわびしたい」と記した。そのうえで、「倒産した原因は何かと突き詰めていくと……経理部門を任せていた弟、林原靖と私の関係性である」と書いた。当時、林原氏は研究開発に没頭しており、弟に経理を任せきりにしていた。そこに同族経営ならではの落とし穴があった、とする。

林原氏は著書で「経費すべてが私たち兄弟の没コミュニケーションの下で、ほとんどノーチェックで投入されていたことが破綻に至る道筋をつくった」と回想する。没コミュニケーションといっても、「2人が口を利かない」「激しく口論ばかりする」といった険悪な関係にあったわけではない。むしろ、姿を見ればお互いが普通に言葉を交わしていた場面ばかりが頭をよぎる。ただし、どれだけ頻繁に話していても、言葉がお互いに響かなければ何も伝わらない。林原兄弟の場合、言葉は届かず、思いはすれ違っていた。「どこからか、お互いの言葉が通じていなかった。経営者を務めていた私の目が届いていなかったということだ」と林原氏は話す。

同族経営では「兄弟だから何も言わなくてもいいし、わかっているはずだ」「親子だから以心伝心で自然と伝わる」などと思いがちだ。しかし、それが「根拠のない信頼感」にすぎなければ、コミュニケーション不足は積み重なり、やがて企業経営にボディーブローのように効いてくる。難しいのは、同族それぞれの意識がずっと同じままと限らないことだ。仲のよい兄弟であっても、年齢を重ねるうちにお互いの考えが微妙に変わってくることがある。結婚して家庭を持ったり、子供が生まれたりするうちに、それぞれの思いが違ってくることもある。複数のファミリーが社内にいる同族経営には、こうした難しさがついて回る。

林原氏は自戒をこめて「同族は一人ひとりが自立していなければいけないのだと思う。わかりやすくいえば、自立とは1人になっても家族を食べさせていけるということ。自立が根底になければ、同族といってもいっしょに経営することはできない」と語る。

■最後に会った日、そして今

兄と弟はしばらく顔を合わせていない。最後に会ったのは、経営破綻の原因について外部調査委員会による調べが落ち着いた12年。場所は母が94歳で息を引き取った病院の部屋だった。そのとき林原氏は弟に「おまえが会社にしたことは許してもいいと思っている。社長として私が至らなかった面も大きいからだ」と言った。一方、今後について「会うこともない」と伝えた、と著書に記す。

それから数年の時間が経過。ライフワークも見えたが、弟と「これからいっしょに何かするかといえば、しない」気持ちには変わりない。それでも2人が兄弟、家族である関係はこれからずっと続く。同族による経営はもう終わったことでもある。今後、弟は何らか困ることがあるかもしれない――。林原氏は弟について今、こう話す。「そのうち、私のところにやって来るかもしれない。そのときは会おうと思っている」

第6章

知られざる「もう一つの主役」日本経済に深く根を張る同族経営

「同族」は5割以上に 上場3600社調査

同族経営について「一部の例外を除けば、規模の小さい会社ばかりだ」「非同族企業と比べた場合、企業の統治形態として古く、遅れている」といった見方がある。しかし、それらは誤解にすぎない。上場企業で同族色のあるところは少なくない。株式所有や役員構成などの点において、同族企業が経済の中枢に深く、広く根を張っている。

日本経済大学大学院の後藤俊夫特任教授らのグループは国内の全上場企業約3600社を対象に、ゆかりの深い一族との関係について実態調査を実施。同族の範囲は創業家などから「2親等以内」とし、株式の所有比率と役員選出の状況に基づいて6つに区分した。そのうえで一族の複数が「ベスト10以内の株主」または「役員がいる」の条件にあてはまる会社を同族企業（ファミリービジネス）と定義した。ただし、業歴が浅い会社などの場合、創業者のカラーが強くとも役員、株主が創業者だけだと一族として存在感を持つかが不明確だ。このため、こうした会社は同族企業でなく「単独」として区分した。2014～15年のデータに基づいて行った。

今回の基準で同族企業とされたのは、全上場企業のうち53・1%。厳しい基準をクリアしている株式公開会社において、過半数を占める企業が該当する。同族企業とされた上場会社の中には同族がトップを務めるところもあれば、同族が経営にほとんどタッチしないところもあり、関与の度合いはさまざまだ。それでも、一定の存在感やつながりがある点で共通している。後藤特任教授は「単独に区分した会社は今後、ファミリー色の残る可能性がある。このため、実際のファミリービジネスの比率はもっと高いだろう」と分析している。

中小企業の大半は同族会社であることが知られてきた。また、大企業にはサントリーなどのように非上場の同族会社がある。今回の調査で上場企業の5割に同族カラーがあるとわかったことで、ファミリービジネスが日本経済に占める大きさが改めて浮き彫りになった。一族が存在感を持つのは中小企業に限定したことではない。

株式市場を国際的に比較した場合、同族企業が高い比率を占めるのは日本だけではない。

海外においても、例えばこれまでに米国のS&P500やフォーチュン500に選出された企業の3～4割、ドイツでも主要上場企業の4～5割が同族企業だとする調査結果が出ている。調査方法や時期などの違いがあり、比率を単純に比較できないが、世界的にみても同族企業が経済の主役の1つとなっているのは間違いない。その中にはグローバルに事業を展開している同族会社が多数ある。企業の統治形態として、古くて遅れたものではない。

調査結果を上場市場別に見た場合、最も同族企業の比率が高いのは新興市場の62・5％。同族企業の比率は東証2部（59・2％）→東証1部（45・2％）と、ステップアップするに従って下がっている。その一方で、今回の調査結果を詳細に分析すると、東証1部企業でも4社に1社は同族出身の「役員がいる」と同時に「筆頭株主もいる」状態にある。業種別に見たとき、目立つのは小売りで、77・8％が同族企業となっている。同じ非製造業では卸（65・4％）、サービス（56・6％）などの業種でも同族企業の比率が高い。逆に銀行は同族企業の比率が非常に低い。製造業では食品（66・7％）、機械（61・4％）などが上位となっている。本社の所在地を基準に同族企業の比率が高い順に並べると、中部、甲信越、北海道、中国・四国、関西、東京を除く関東、九州・沖縄、東北、東京の順となり、全般的に地方が上位を占める。また、東京とそれ以外に分けると地方が高く、2割近い差がついた。地方企業は一族が地元に根を張って事業展開するといわれ、調査はそれを裏づける。

上場628社で同族が3分の1以上の株所有

所有比率から見た場合にはどうか。後藤特任教授の調べによると、上場企業のうち、創業家など影響力のあるファミリーが3分の1以上の株を持つ会社は628社。上場企業の約17%を占めている。

会社の合併や解散、定款変更などの重要事項の決定には、株主総会で3分の2以上の株主が賛成する特別決議が必要。逆にいえば、これは3分の1の株があれば、特別決議を拒否できることを示す。詳しくみると、ファミリーが3分の1以上の株を持つ628社のうち特別決議の可決に必要な3分の2以上に達する会社は52社。高い所有比率を背景にファミリーが直接経営するケースが多く、同族出身の会長、社長がいる会社が41社。また会長、社長以外の役員がいる会社が11社あった。一方、ファミリー出身の役員がいない会社はなかった。

これに対して、3分の1〜3分の2未満の株をファミリーで所有する会社は576社。この場合、特別決議の可決ができないものの拒否権を持つことになる。それだけに所有比率からは、上場メリットを生かすために公募増資による外部資本の導入を進める一方、拒否権を手放さないことでファミリーの影響力の維持を図る姿勢がうかがえる。同時に上場する市場によって大株主の所有比率に制限が設けられている影響もあるとみられる。576社のうち会長か社長をファミリーから出すケースは475社と8割超。会長、社長以外の役員をファミリーが出すケースも38社あり、経営に関与する度合いはやはり高い。3分の1〜3分の2の株所有でファミリー出身の役員がいない会社は63社だった。

後藤特任教授は明治時代の1890年から2015年までの期間について、上場企業におけるファミリーの株所有と役員輩出の調査も実施している。経年変化をみたとき、同族企業は特に戦後、創業から時間が経過するほど公募増資などを通じてファミリーの持ち株比率の低下が進行。低下にしたがってファミリーの影響力が下がる結果、役員に占めるファミリーの人数も減る傾向があるという。ただし、ファミリーが経営を離れながらも持ち株比率を維持しているケースは一定数あり、後藤特任教授によると理由は三つの角度から考えられる。

一つは役員に適した人物がファミリーにいないケース。年齢バランスから非ファミリーが「中継ぎ」となるケースがあるほか、最近は外部人材を「プロ経営者」として招く会社が増えている。二つめはファミリーをめぐる不祥事が起きたケース。引責辞任によって創業家などが経営の第一線から身を引いた後、サラリーマン経営者にマネジメントを委ねる場合だ。後藤特任教授は「海外ファンドの活発化などもあり、ファミリービジネスの所有と経営は複雑化している。このため、上場企業におけるファミリーと経営陣の対立は今後、増える可能性がある」と話す。三つめに、あえて経営に直接関与しない「君臨しても統治しない」ケースがある。

3分の1というファミリーの持ち株比率は今後、別の意味でも注目を集める可能性がある。米国のS&P500（金融を除く）を対象にしたこれまでの研究では、ファミリーの持ち株比率が約3割に達するまでは業績が伸びる一方、それ以上になると逆に業績が下がることが明らかになっている。後藤特任教授は「ファミリーの影響力と業績の関係は重要で、国内の制度面なども勘案した研究を進めたい」と話す。

所有面では創業家など関係の深いファミリーの持つ資産管理会社の存在も注目される。後藤特任教授によると、上場企業の約26％、ほぼ4社に1社にあたる918社は創業家など関係の深いファミリーの持つ資産管理会社が上位10位の株主に入っている。資産管理会社を所在地別に見た場合、国内が大半で都道府県別には東京がトップ。海外ではシンガポール、香港などのアジアや米国、オランダなどの欧米に本社を置く会社がある。業種別には流通、サービスなどファミリー色のある上場企業が多い業種がファミリーの資産管理会社の所有でも目立つ。資産管理会社の株主では、ファミリーメンバーがほとんどを占める。なかにはファミリーが所有する別の会社が名前を連ねる「ピラミッド構造」のケースがある。ファミリーが複数の資産管理会社を持つケースもあり、合わせて7社の資産管理会社を持つファミリーがある。557社はファミリーの持ち株の半数以上を資産管理会社に集中させている。

ファミリーについての情報の入手しやすさなどから株主が3人以上いる資産管理会社52社

をピックアップしてさらに詳細を調べたところ、経営面では上場企業の社長が資産管理会社の社長を兼務するケースが3分の1を占めていた。兼務を除くと、資産管理会社の社長は上場会社の社長の親、配偶者、兄弟、子弟の順だった。トップの株主をみると、資産管理会社が株を持つ上場企業の経営者が約4分の3を占める。2位には配偶者、3位には子弟がそれぞれ最も多い。

少数株主の同族社長、2つの正当性の示し方

日本の上場企業では、創業家などのファミリーメンバーが支配的な株主でないにもかかわらず、経営権を持つケースも少なくない。同族はどのようにして社内外からの「納得感」や

「正当性」を高めているのだろうか。ファミリー色のある上場企業のガバナンスに詳しい大阪市立大学の吉村典久教授と考察してみよう。

吉村教授が1980年度から95年度まで継続して上場していた企業を調査したところ、株式の所有においては法人による過半数支配や同族支配が減少する一方、支配的な株主（事業法人の最大持ち株比率が2割未満＋個人株主の最大持ち株比率が1割以下）不在の企業が増加傾向にあった。その分、非同族の生え抜きの経営者の力が強まりそうに思えるが、実際には生え抜き社長は3割にとどまった。

所有と経営のギャップを埋める一端となっているのが、支配的な株主でないがマネジメントを担うファミリービジネスの出身者。吉村教授は「日本の場合、所有よりも経営でファミリーの存在感の大きさが目立つことがわかってきた」と話す。こうした傾向は最近も続いている。日本経済大学大学院の後藤特任教授の調べによると、2014年〜15年のデータでは株の所有比率が1割未満のファミリービジネスでファミリー出身者が社長、会長を務める上場企業は295社確認できた。また例えば、2016年10月12日に提携の検討を発表したトヨタ自動車の豊田章男社長とスズキの鈴木修会長はともに持株比率は低いが、強いリーダーシップを発揮してきた。

■スピード昇進で経営能力の獲得を図る

所有と経営のギャップがある状況に対して、ファミリーはどのように臨み、また納得感を醸成しているのか。企業ごとに事情が違うため、明確な答えを提示するのは難しい。あえて挙げると、ポイントの一つはファミリー出身の後継者が経営に必要な能力を獲得するための道筋だ。吉村教授が電気機器・精密機器分野の上場企業の社長を対象にキャリアの形成過程を調査したところ、2005年時点ではファミリー出身の社長は入社から役員就任まで8・3年かかったのに対して、非同族で生え抜きの社長は26・9年。ファミリー出身者が要する期間は生え抜きの約3分の1と短かった。このため、ファミリー出身者の役員就任年齢は36・1歳と早く、生え抜きの50・9歳と比べて約15歳若かった。社長就任の年齢もファミリー出身者が47・2歳に対して生え抜きは58・3歳となり、ファミリー出身者のスピード昇進が目立った。

そして、それがキャリア形成過程での経験などの違いにもつながる。日本では企業は一般に同期入社の社員を横並びに扱い、時間をかけて切磋琢磨《せっさたくま》させながら育成する。この手法はミドルクラスのマネジャーを同時に何人も育てやすいが、経営幹部となる人材が会社全体をみるまでに時間がかかる面がある。それに比べると同族色のある企業の場合、ファミリー出身者は父親らが社長を務めている段階で経営の一角を担うポジションに就き、海外法人の責任者を任されたり子会社の社長になったりしながら、将来のトップ就任に向けた経験を積み上げる。こうした経験は社長就任後のパフォーマンスにつながるとは必ずしもいえないものの、経営センスを磨くチャンスや能力形成の場となることは間違いない。吉村教授は「全社的なマネジメントをする機会を早くから得ていることは、経営者としての能力について一定のアナウンス効果があるのではないか」と分析する。

所有と経営のギャップに対するもう一つのポイントは、株の所有などから生じる経営のモチベーションやコミットメントだ。同族が経営権を持つ上場企業では、ファミリーは支配的な株主でない場合も、他の役員らと比べれば相対的に多数の株を持つケースがほとんど。その分、個人資産に対する自社株の比率は高く、企業規模が大きくなれば、業績に応じた配当収入の金額も当然大きくなる。会社の繁栄とファミリーの繁栄は重なる部分が多く、それが事業への高いモチベーションや強いコミットメントの原動力になる。「中長期的にみて『きちんとやるだろう』『いざとなったとき逃げない』といったファミリーに対する信頼感がマネジメントを担う合理性を生むのではないか」と吉村教授はみている。またファミリー色のある企業の場合、社員はおおむねファミリーの存在を入社時から知っている。このため、「次はファミリーの子弟」「社長の座をめぐる争いは最初から存在しない」と考える人が多く、後継者のスピード昇進や例外的な育成も受け入れやすい面がありそうだ。一方で吉村教授の研究によると、ファミリー出身者がトップに就任するまでの期間は次第に長期化している。背景には企業規模の拡大に伴いファミリー以外から優秀な人材が育つほか、株主意識の高まりで同族経営に対する見方がかつてに比べて厳しくなっていることなどがあるもようだ。

世界が注目MUKOYOSHIの優良経営

もう少し長いスパンから、上場企業におけるファミリーとビジネスの関係を考えてみよう。戦後の日本経済の成長という視点に立ったとき、同族経営が果たした役割が大きいことが最近の研究から明らかになっている。そこには婿養子という独特の仕組みもあった――。京都産業大学の沈政郁准教授らの研究を通して世界の経営学者の注目が日本の同族経営に集まっている。ここでは同族企業の定義を創業者一族に上位10位以内の株主がいる、あるいは社長または代表権を持つ会長を務める人がいる、と定めた。

まず戦後、株式市場が再開した１９４９年から70年までに上場した企業１３６７社の属性を調べたところ、同族企業が５７７社、非同族企業が７９０社。これらを上場時期別に分けると二つのピークとして⑴戦前の財閥企業が上場した１９４９年から50年、⑵２部市場の創設で若い企業がチャンスを得た61年から64年まで――がある。沈准教授はピーク時期と同族企業の関係を調査。(1)が戦前の代表的な同族企業の財閥が解体でできた非同族企業が中心、(2)の大半はファミリービジネスだとわかった。上場企業数は70年代に入ると低迷し、再び活発になるのが新興市場を開設してから。その間に日本の株式市場に大きな動きがなかったことも踏まえ、沈准教授は「戦後の日本経済は、非同族化した財閥系の古い企業と新たに成長してきた同族企業が両輪となり、競い合いながらけん引してきた」と分析する。

では、同族企業と非同族企業を比べた場合、どちらがより戦後、収益性や成長力があったのか。総資産利益率（ROA）や売上高成長率で比べた場合、いずれも同族企業のほうが非同族企業を上回った。同族企業についての研究は2000年代に入ってから急速に進展。各国で同族企業のほうが業績のよいこと、規模の点で同族企業が各国で上位を占めることなどが明らかになっている。沈准教授らの調査で日本でも同族企業の業績面での優位さが浮き彫りになり、戦後の日本経済の成長に果たした役割の大きさが見えてきた。

ユニークなのは同族経営をさらに「誰が経営しているのか」に注目して分類し、業績を比較している点だ。創業者、婿養子（婿を含む）、それ以外の親族、親族以外の専門経営者に任せるケースに分けて分析したところ、ＲＯＡでは創業者がトップ、次いで高いのが婿養子。売上高成長率で比べた場合もやはり創業者が高いが、それに次ぐのは、それ以外の親族と婿養子がほぼ同じ数字になった。

目立つのはやはり創業者による経営の成長力の高さだ。ただし、困難の多い創業期を乗り越えて上場を実現している以上、「創業者効果」が大きいのは、ある意味当然。むしろ注目すべきは婿養子による経営の成長力の高さだ。同族企業の事業承継で、日本では婿養子が古くから仕組みとして根づいている。しかし欧米はもちろん中国や韓国にも婿養子制度はないという。沈准教授は「婿養子はいわば『新しい息子』を入れる仕組みで、後継者がいない場合だけでなく、事業を引き継ぐのにふさわしい親族がいないなどのいわゆる『バカ息子問題』に対しても有効な面がある。戦後の日本経済の成長を支えた一端が、婿養子という日本独自の仕組みにあったのは興味深い」と指摘する。研究内容は２０１３年、ファイナンス研究で世界的に権威のある学会誌に掲載。反響は大きく、経営学の最先端で日本の同族企業、なかでも婿養子に注目が集まるようになった。沈准教授は調査対象を70年以降の上場企業にも拡大して研究を継続しているが、同族企業の業績の優位性は変わらないという。

最新調査で判明同族企業は「攻めながら守る」

同族企業の行動原理も少しずつわかってきた。保守的と考えられがちな同族企業の経営だが、実は非同族企業に比べて積極的に総資産を増やし、有効に活用している。日本経済大学の落合康裕准教授らが中心となり上場企業を対象に行った調査で明らかになった。

対象とした東証１部、２部上場企業に地方上場企業を加えた約２３００社のうち、同族企業が約１２００社、非同族企業が約１１００社。それぞれ5期分の様々な経営データに基づいて分析を行った。経営の安定を示す自己資本比率で見た場合、同族企業は5期連続で非同族企業を上回った。平均で見た場合、同族企業の53・7％に対し、非同族企業は43・6％となり、約10ポイントの差がついた。同じ安定を示す指標で短期的な支払い能力を表す流動比率についても、5期連続で同族企業が優位な結果となった。流動比率は同族企業の２３３・

6％に対して非同族企業は189・9％にとどまった。二つの指標から「決して無理をしない」「年輪を重ねるようにじっくり進む」といった、同族企業の特徴がデータ面から改めて裏づけられた。

同族企業の安定を支えるメカニズムにも踏み込んだ。落合准教授らは今回、総資産成長率についても調査。対象期間の平均で見た場合、非同族企業の6・3％に対して、同族企業は7・2％と上回った。同族企業は先代から受け継いだ資産を所有し、その意味では既存の資産を守り伝えている面がある。しかし、それだけでは時代や業界構造の変化を乗り切ることは難しい。総資産成長率の高さからは、設備投資の積み増しや増資などを進める経営者の積極的な姿が垣間見える。つまり、同族企業は守るだけでなく、攻める面も持っている。

調査は日本経済大学大学院の後藤特任教授らのグループによる研究の一環として実施。グループではこれまでの研究成果や詳細な調査データなどと合わせて「ファミリービジネス白書2015」として発行している。

変わりたがらない同族企業、変わるときは……

行動原理について同族企業が参考にするのは、他の同族企業であることもわかってきた。人材面での結びつきも強いが、マイナスに働くと企業成長のチャンスを失う可能性がある。

シンガポール経営大学の好川透教授と京都産業大学の沈准教授の共同研究。上場する同族企業がどんな人物を社外役員に起用しているかを調べたところ、基本的には入れたがらないものの、選ぶ場合には他の同族企業から入れる傾向があることがデータで裏付けられた。外部からいきなり知らない人物がファミリービジネスの内部に入るのはやはり不安がある。だから、同族企業での経験があり、価値観が近い人物を社外役員に選びたい――。ファミリーのこうした発想が調査結果からは垣間見える。米国の研究でも同様の結果が出ており、人的なネットワークはファミリービジネスに共通の行動原理といえそうだ。

次いで上場企業の執行役員制度の採用状況を調べたところ、対象とした期間（1997～2004年）の累計では、同族企業の採用が17％にとどまったのに対して非同族企業では24％となり、同族企業の消極姿勢が目立った。ガバナンスの維持はファミリーにとってより重要な課題。それだけに経営のコントロールにつながる役員構造にいっそう触れたがらない。

とはいえ、社会情勢の変化のなかではファミリーだけが「いつまでも昔のままでいい」というわけにはいかない。そのことは多くのファミリーが気づいてもいる。ガバナンスの維持と経営環境の変化の間で、ファミリーは同族経営のあり方を模索。執行役員制度のようにガバナンスにつながる変化の場合、カギを握るのは人的ネットワークだ。同族企業が執行役員制度を採用する状況を調べたところ、先行して同制度を採用している他の同族企業から社外役員を起用した場合、同制度を採用する確率が高くなることが判明した。他の同族企業からきた社外役員を通して同制度を知り、学ぶためだとみられ、同族企業がガバナンス構造の同じ他の同族企業から経営のヒントをつかむ姿が浮かび上がった。非同族企業の場合、同制度を先行して導入する企業からの社外役員の存在と同制度の導入には相関がなかった。

ファミリービジネスは従来考えられてきた以上に強く結びついているが、好川教授は「プラス面とマイナス面がある」と指摘する。例えば、他の同族企業から社外役員を起用した場合、ファミリービジネスの事情を理解している分、相手の立場を踏まえてアドバイスできる強みがある。あまり無謀なことも言わない。一方、同族経営に固有の考え方を知るあまり、アドバイスがファミリーのしがらみをなぞるだけになると、必要な役割を果たせなくなる。ファミリービジネスの結びつきを企業成長に生かせるかどうかは経営者にかかっている。

共同研究にあたった好川教授は企業ガバナンスが専門で、シンガポールをはじめアジアや欧米などのファミリービジネスの動向にも詳しい。好川教授によると、企業にはシェアホルダー、ステークホルダー、ファミリー、ステートの４パターンの行動原理がある。どの行動原理かは企業によって違い、複数の行動原理を備える場合もある。そして、異なる行動原理を持つ企業は同じ市場に併存しつつ、ときにはコンフリクトを起こす。また、同じ行動原理でも、条件が違うと差が出てくる。例えばシンガポールと日本について上場する同族企業を比べると、シンガポールのほうがファミリーの持ち株比率が高く、ファミリーの暴走や同族間の対立はほとんど表面化しないという。好川教授は「ファミリービジネスといっても一口に扱うのではなく、今後は類型化したうえでの精緻な分析が大切だ」と強調する。

第7章
ビッグデータで初検証「同族経営のメカニズム」

「創業者だからすごい」はない

ＩＴの発達によって、少し前まで考えられないほど膨大なデータの処理や分析が容易にできるようになってきた。ビッグデータの活用はそれまでの見方の変更につながったり、新たな知見を生んだりするなどさまざまなインパクトをもたらす。

京都産業大学の沈准教授と帝国データバンクが行った同族企業の共同研究では、帝国データバンクが持つ企業情報をビッグデータとして活用。対象は２０１６年1月時点の約47万社で、非上場企業がほとんどを占める。非上場企業の業績はこれまでサンプル抽出によって推計しており、これだけ膨大な実際の企業データを活用した調査は「世界的にも例がない」（沈准教授）。調査を通してファミリーとビジネスをめぐる新たな姿が浮かび上がった。

まず見えてきたのは非上場企業を含む国内にある企業業績の全体像だ。今回の調査によると、総資産利益率（ＲＯＡ）は平均２・１％と判明。また売上高成長率は１・１％となった。この数字はこれまで知られていた上場企業のデータよりも低い。沈准教授のこれまでの研究によると、上場企業の平均ＲＯＡは高度成長期を含む１９６２年から２０００年まででは４・６％、２０００〜11年までは４・１％。今回のビッグデータの２倍ほどとなり、上場企業の収益力の高さが目立つ。売上高成長率で見た場合も、上場企業の成長力が目立った。

興味深いのは、経営者のタイプ別分析だ。沈准教授が上場企業を対象に行った調査では、２０００〜11年の場合、非同族企業のＲＯＡは３・４％となり、上場企業の平均を０・７ポイントほど下回っていた。ファミリーが承継した企業もほぼ平均並みの４％弱にとどまっていた。これに対して、創業者の経営する企業では約５・７％。平均を１・６ポイントほど上回り、創業者による経営の業績のよさが目立つ結果となっていた。海外の上場企業を対象とした調査でも同様の結果が出ていたため、一部から「上場企業に限らず、起業した当人ならではの特別な効果（創業者効果）が働き、それが企業の業績を押し上げるのではないか」という見方が出ていた。

しかし、非上場企業がほとんどを占める今回のビッグデータでは、非同族企業のＲＯＡが２・８％と平均を０・７ポイント上回ったのに対して、創業者が経営している企業のＲＯＡ

は1・6%にとどまった。平均を0・5ポイント下回り、起業した人だけが持つ特別な創業者効果が存在しないことがデータから明らかになった。創業時には経営者が越えなければならないさまざまなハードルがあり、生き残る企業は限られる。このため、創業経営者のROAは低く出やすいとみられる。ファミリーが承継している企業は平均と同じ2・1%だった。

ではなぜ、上場企業を対象にした調査では逆の結果になっていたのか。考えられるのは、上場企業の創業経営者の能力の高さだ。自分で立ち上げた会社を一代で株式公開までこぎつける人は限られており、あくまでも例外的な存在。沈准教授は「抜群の資質を持っており、スーパーマン的な経営者といえるだろう」と見ている。

創業トップが男性か女性かによって業績に違いがあるかどうかを業種や売上高で区切りながら詳しく調査したところ、売上高成長率で見た場合には、売上高が1億~10億円の運輸・通信業、1億~10億円のサービス業で、男性の経営者が優位であることがわかった。一方で、女性の企業家の場合、建設業、不動産業において業績が高く出やすい。またROAで見た場合には、不動産業について、女性経営者の優位が目立つ。解析を担当する帝国データバンクの後藤隼人氏は「不動産業はどちらかといえば男性が目立つ印象があるが、今回の結果は女性目線でのサービスが付加価値につながっている可能性を示している」と話す。

こんな創業者が会社を伸ばす 18万社調査で判明

ここからさらに事業を伸ばす創業者とはどんなタイプなのか、ビッグデータを活用して検証してみよう。帝国データバンクの持つ企業データのうち、創業者が経営している約18万社を対象に調査を実施。大半が未上場企業であり、実際の企業データを使ったこれほど大規模な創業者の調査はやはり世界でも例がない。

まず注目すべきは、創業者の年齢と企業規模の関係だ。29歳までの創業者を「20代まで」

としたうえで、以降を10歳刻みに分けて調べたところ、売上高成長率は創業経営者が若いほど、高いことがわかった。企業の創業期には特有の困難さがあるといわれるが、難局を乗り越えながら売上高を伸ばすには、経営者の若さが原動力の一つになるといえそうだ。

それでも知識や経験なしで事業を軌道に乗せるのは難しい。それを裏付けるのが学歴と業務経験についての項目だ。学歴については、大学を卒業した創業者は最終学歴が高校卒業までの創業者に比べると売上高成長率が高い。起業にはさまざまな知識が必要であり、規模を拡大するには大学レベルの教育や就学を通じて生まれる人のつながりが役立つとみられる。

興味深いのは、創業者が会社を立ち上げるまでの同業種での業務経験。「3年未満」「3年以上〜10年未満」「10年以上」に分けて売上高成長率を見たところ、最も優位なのは3年未満となった。業界経験が短い創業者はそれまでのやり方に縛られることなく、新しいチャレンジがしやすい。そして、それが企業規模の成長につながると考えられる。ただし、業務経験は収益性を示すＲＯＡから見た場合には逆の結果となり、創業までの業務経験が長いほどプラスになりやすいこともわかった。収益性の高いビジネスを展開するには、事業の勘所を押さえる必要があり、そのためには実務を積み上げた経験の果たす役割が大きいようだ。

調査では創業者の特性やルーツと業績との関係についても調べた。特性は営業、管理、技術、経理の４つのうち、創業者自身がどの分野が得意と思うかに基づいて調査。売上高成長率、ＲＯＡとも優位に働くのは技術と経理となった。営業や管理を挙げた創業者の会社は成長性や収益性が相対的に低かった。特性についての調査を詳しくみると、技術はＲＯＡが上がっているときに貢献度が高く、経理はＲＯＡが下がっているときに収益悪化の歯止めとなりやすいことがわかった。収益性を高めるには技術力が、利益の出にくい苦しい局面を乗り切るには経理の能力がそれぞれカギをにぎるといえそうだ。

創業者の持つネットワークと業績の関係については、地元出身かどうかを基準に調査を行った。創業者の地元出身率がベスト５（愛知、沖縄、群馬、北海道、大阪の順）と他の都道府県出身率がベスト５（長崎、鹿児島、佐賀、島根、奈良の順）を比較。その結果、売上高成長率、ＲＯＡともに地元出身のほうが優位となり、創業時における地域とのつながりの大切さが見えてきた。詳しくみるとＲＯＡについては、下がっているとき、地元出身のほうがマイナスが小さいこともわかった。ビジネスがうまくいかないとき、地元のネットワークに助けてもらう姿が垣間見える。

事業の将来については、非同族の後継者がいるほうが売上高成長率で優位、同族の後継者がいるほうがROAで優位と、逆の結果になった。企業を大きくする必要があるときには非同族の後継者を選び、収益力のある安定したビジネスができている場合には同族承継を選んでいるとみられる。上場する同族企業については、事業の停滞を契機に非同族化する半面、好調なときにはファミリービジネスを維持する傾向のあることがこれまでの研究から明らかになっている。今回の結果は同じ傾向が非上場企業でもあることを示す。沈准教授は「未上場企業はまだ知られていないことが多いが、創業者系については成長の要因と業績の要因に違いもあることがわかってきた」と話す。解析を担当する帝国データバンクの後藤氏は「例えば業務経験の違いが業績の違いと結びついていることなどから、創業支援をひとまとめにとらえるのではなく、それぞれに合った施策が必要ではないか」と強調する。

■二代目の場合は……

これに対して、創業者から事業を引き継ぐ二代目には、どんな成功条件があるのか。まず調べたのは、創業者から二代目への代表者変更が経営にどのような影響を与えるか。

2016年1月時点で代表者が交代する前後の経営データが確認できる約4万社を対象に事業を引き継ぐ前2年と継いだ後2年について、売上高成長率、ROAの平均を算出し、比較を行った。その結果、売上高成長率は創業者から同族の二代目に事業を承継している場合に増加することが明らかになった。これに対して、創業者から非同族に代わったときの売上高成長率は減少傾向にあり、同族間の事業承継のプラス効果が浮き彫りになった。一方、ROAでみた場合には創業者から同族の二代目、創業者から非同族のどちらも増加だった。ただし、増加の幅は同族間の事業承継によるほうが比較的高かった。

ファミリービジネスの同族承継には否定的な印象を持つ人が少なくない。さまざまな理由が考えられるが、その一つは経営者の資質を欠くファミリーメンバーが後継者となった後、社内が混乱したり業績が低下したりすることがあるから。しかし、ビッグデータでは創業者から同族の二代目に事業承継した会社の業績のよさが目立つ。調査結果について、沈准教授は「経営者としての資質を欠いたいわゆる『バカ息子問題』はメディアを通じて目立ちやすいが、実際には未上場のファミリービジネスの多くが後継者をきちんと選んでおり、それが業績に表れているのではないか」と分析する。

引き継いだ当初は優位なファミリービジネスの二代目だが、そのまま好業績を維持できるとは限らない。家業を自分の代で発展させるにはどんな条件が必要なのだろうか。二代目を含め同族会社を引き継いだファミリーメンバーのいる約18万社を対象に調べたところ、売上高成長率からみた場合、後継者は「年齢が若い」「業務経験が短い」「技術や経理に強い」などの場合に成長率が高いことが判明。一方、ROAの高さからは「業界経験が長い」「技術や経理に強い」などの場合に優位さが目立つ。売上高を伸ばすには業務経験が短く若いほうがプラスに働き、ROAを高くするには業務経験が重要になる。

成功の条件を創業者と二代目で比較すると売上高成長率、ROAの両面において、ほぼ重なり合う。事業環境が違うため「成功する条件が異なるのではないか」とする見方がこれまであったが、ビッグデータでは両者の共通性が浮かび上がる結果となった。なぜこうなるのか。沈准教授によると、注目すべきなのは00年以降、企業が競争優位を持続できる期間が短くなっていること。1990年代半ばまで、企業はいったん競争優位に立つと20～30年間優位を維持できるため長い期間、高業績が続くとされた。しかし、IT化などの技術革新によってこうした時代は過ぎ去った。00年以降は企業間の格差が縮まり、上場企業の場合、いったん競争優位をつくっても3～5年しか続かなくなってきたとされる。企業は競争優位をいかに持続させるかでなく、いかにして次のステップの競争優位を用意して移るかに戦略の軸足を置くため、起業家精神やイノベーションがポイントになる。ファミリービジネスも同じで、一昔前なら後継者は先代のつくった競争優位を持続しやすかった。しかし、現在は受け継いだことを守り受け継ぐだけではうまくいかない。同族企業は未上場企業がほとんどのため、競争優位は上場企業ほど短期間でないが、後継者は次の競争優位を準備する必要がある。沈准教授は「同族の後継者は創業者と同じ起業家精神が求められる時代に入っており、調査結果はそれを示す。後継者は『それまで通り』でなく、自分で次のステージを用意し、飛び移らなければならない」と指摘する。

さまざまな対立の一端も同族企業は内部成長を好む

今度は同族企業の成長パターンを、約170万社のビッグデータを活用して考察しよう。成長パターンは大きく、社内資源を生かした内部成長タイプと社外資源を積極的に活用する外部成長タイプの2つに分けることができる。外部成長につながる合併について調べたところ、合併確率（合併経験のある企業数／企業数）では、同族企業のうち創業者がトップの場合には1・6％、同族がトップを承継した場合でも4・2％にとどまった。これに対して、非同族企業ではトップが内部昇格の場合が10％、トップを外部招へいの場合が11％。この結果、同族企業は非同族企業に比べて合併に消極的であることが明らかになった。これは同時に同族企業が外部成長よりも内部成長をより重視していることを示す。

同族企業の合併をめぐっては、例えばサントリーホールディングスで2009年7月、キリンホールディングスとの経営統合交渉が表面化。しかし、統合比率をめぐる考えの違いなどから、10年2月に交渉は打ち切られた。創業一族による経営を貫いてきたサントリーと三菱グループのキリンとの合併は幻に終わった。最近では15年7月に合意した出光興産と昭和シェル石油の経営統合をめぐって、出光側の創業家が16年6月の株主総会で反対意見を表明。経営陣との対立が埋まらず、10月には経営統合の延期を発表した。統合しなかった理由はもちろん企業によって違うが、ビッグデータによる分析を踏まえると、その一端には内部成長を重視する同族企業の行動原理もありそうだ。沈准教授は「同族企業は支配権を維持するインセンティブが働くため、外部成長よりも内部成長を選ぶ傾向が強い」と話している。

先行研究によると、社外のリソースを生かす外部成長は社内にこだわる内部成長と比べて成長スピードが速い。ファミリーによるビジネスは内部成長を好む以上、非同族企業に比べて成長スピードを重視しないといえる。外部成長、内部成長のどちらが企業成長にとって有効かは、抱える課題や条件によって違うため、一概にいえない。それでもグローバル競争が加速するなかで内部成長にこだわりすぎるのは、同族企業にとってもマイナスとなる可能性がある。サントリーの場合、経営統合交渉を打ち切った後、海外で積極的な買収戦略を進めるなど、ファミリービジネスを維持しながら外部成長を積極的に取り入れる方向にかじを切った。沈准教授は「これまで上場する同族企業については内部成長の志向が強いことはわかっていたが今回、それが非上場を含む同族企業全体に共通することがわかった」と強調。帝国データバンクの後藤氏は「蓄積してきたビッグデータを活用することによって、経営学においてこれまでにない分析の可能性が広がってきた」と話す。

同族企業、選ぶ取引先も同族企業

帝国データバンクが行った企業間ネットワークのビッグデータ分析では、同族企業の取引先や取引期間などについて、興味深い姿が浮かび上がっている。特に同族企業ならではといえる特徴が目立つのは、取引先の選び方だ。

企業の取引先は固定化しているわけでなく、当然経営環境の変化などにともなって年々変化している。企業を同族と非同族に分けたとき、取引を構成する「売り先→購入先」には「同族→同族」「同族→非同族」「非同族→同族」「非同族→非同族」の4パターンがある。パターンごとの状況を企業間の取引件数に注目して調査したところ、同族企業は「同族→同族」を選ぶ確率がほかのパターンに比べて高いことが、データの詳細な分析からわかった。つまり、同族企業は同族企業同士でより強く結びついている、といえる。調査は23年間を対象に実施。年ごとに見た場合にも、多少の濃淡の差はあるものの、同族企業間でより密接に取引する状況は基本的に変わりがなかった。同族企業は日常的なビジネスを通じて相互につながり、密な関係をつくっている。

経営学ではこれまで、業歴を重ねるなかで培ってきた人的なネットワークが同族企業にとって重要な経営資源だとしてきた。今回の調査はそれを計量的に裏付けるといえる。前中央大学教授でファミリービジネス学会の秋沢光会長は同族企業間のつながりの強さについて「例えば、地方の同族企業の場合に、お互いを厳しく見ながら信頼関係を築き、課題を乗り越えている面がある。一方で、同族企業間のつながりを重視するために、新たな取引先を選びにくなる、といった面もあるだろう」と分析している。

同族企業間の結びつきは、取引の継続年数からもうかがえる。調査によると、企業間の平均の取引継続年数は5・5年。これに対して今回の調査では「同族↓同族」が5・8年と上回った。業種別に見て同族企業間の取引期間の長さが目立つのは農業、漁業、建設業、鉱業などで、地域のネットワークを重視する業種が中心となっている。

第8章

同族だから起きる課題をアカデミズムで斬る

同族企業はなぜ「泥沼の対立」が起きるのか

同族経営はファミリーが力を合わせたときに大きな力を発揮する一方、いったん対立が生じると激化し、こじれやすい。それはなぜか。また「骨肉の争い」や「泥沼の対立」、「お家騒動」を避けるには、どうすべきか。日本で数少ない経営における「対立」の研究者、武蔵野大学の宍戸拓人准教授らとともに、対立が起こる背景や解決の手がかりを考察する。

欧米では1990年代以降、経営学に心理学を取り入れ、対立を学問的に解明する「コンフリクト研究」が進んできた。宍戸准教授によると、対立を考えるときまず、重要なのは「起こすべき、よい対立」と「避けるべき、悪い対立」があると知ること。コンフリクト研究には対立を分類する方法がいくつかあるが、ここでは、(1)タスク・コンフリクト、(2)リレーションシップ・コンフリクトの2つに分けて考えてみよう。

このうち(1)タスク・コンフリクトは、業務をめぐる対立を指す。さまざまな意見を仕事のなかでぶつけることはイノベーションの源泉となる。このため、コンフリクト研究においてタスク・コンフリクトは好ましい結果を生み出しうると考えられている。これに対して(2)リレーションシップ・コンフリクトは、人間関係をめぐる対立を示す。「あの人が嫌いだ」といった負の感情は職場のやる気や仕事への熱意にとってマイナスに働くことがこれまでの研究から明らかになっている。リレーションシップ・コンフリクトがあると、タスク・コンフリクトによる成果が上げにくくなることもわかっており、抑えるべきだと考えられる。欧米では対立のプラスの側面に注目し、その生かし方についての研究が進んでいる。一方、日本では長い間、これまで対立というとそれだけで避ける傾向があった。しかし、月刊「人材教育」(日本能率協会マネジメントセンター)の嶋元洋二編集長によると、最近では「答えの見えない課題が増えるなかで、最適解を見つけるうえでコンフリクトのマネジメントが問題解決に果たす役割に注目が集まっている。働き方の多様性、企業文化の見直しなどの点からも、その意義が高まっている」

対立をマネジメントするにはタスク・コンフリクトを起こし、リレーションシップ・コンフリクトを避けたり、抑えたりするのが基本的な対応になる。ただし、これまでの研究から、それだけでは不十分なことがわかってきた。なぜかといえば、実際の人間関係ではタスク・コンフリクトがリレーションシップ・コンフリクトを誘発したり、両者が混ざったりすることがあるからだ。例えば、当初は公平な立場の議論から生じた業務上の対立だったことが、いつの間にか「あの人に勝って自分の意見を飲ませた」「あいつの言うことを聞いたら負け」といった〝勝ち負け〟に変わることがある。これはタスク・コンフリクトがリレーションシップ・コンフリクトを引き起こしたため、と考えられている。実際こうしたケースでは、本来タスク・コンフリクトが持つイノベーションが作用しにくいことなどがこれまでの研究から実証されている。

上司と部下の場合はこれがさらに複雑になる。先行研究によると、上司、部下の間ではリレーションシップ・コンフリクトとタスクとリレーションが混ざったコンフリクトしかない。上司は部下から徹底的に批判されたとき、やはりいら立たずにいられない面があるからで、両者は純粋に仕事でぶつかり合うのは難しいという。こうしたなかでタスク・コンフリクトがリレーションシップ・コンフリクトを引き起こさないための研究も進んできた。

コンフリクト研究をファミリービジネスに当てはめて考えると――同族経営はファミリーと会社が重なっている点に大きな特徴がある。例えば父から息子に事業を引き継ぐとき、そこでは親子という極めてプライベートな関係と、社長と幹部という仕事上の関係とが一致することになる。コンフリクト研究で同族経営の対立を考えるときにはこの点がポイントになる。先行研究は少ないが、例えば上司と部下の場合には役職の上下があるもののプライベートでは直接の関係がない。それでも両者には純粋なタスク・コンフリクトが成立しない。一方、同族経営の場合、業務だけでなく同時にプライベートの関係も深い。つまり、業務をめぐる議論の背後には親子などファミリーの関係がいつでも見える状態にある。このため、純粋なタスク・コンフリクトを考えにくいだけなく、「その分、非同族企業に比べるとタスク・コンフリクトがリレーションシップ・コンフリクトを誘発したり、両者が混ざったりしやすい面が強いと考えられるだろう」(宍戸准教授)。これがいったんファミリーの対立が起きると激化する背景となり、ときには骨肉の争いやお家騒動にまでつながる。先代である父と後継者である息子が対立した末、息子が会社を去ったり、経営の停滞を招いたりする事例は枚挙にいとまがない。そこでは家族と会社、タスク・コンフリクトとリレーションシップ・コンフリクトが絡み合う。

では、コンフリクト研究の成果を踏まえて、ファミリーの対立が起きないようにするにはどうしたらよいのか。宍戸准教授は「対立する両者が接点を持たなければリレーションシップ・コンフリクトは起きないが、同族経営ではそうはいかない」としたうえで、三つのポイントを挙げる。一つは先代と後継者の間の言葉づかいだ。コンフリクト研究では業務上の対立が生じた場合、「バカじゃないのか」のような乱暴な言い方や「お前はわかっていない」といった否定的な言い方をしたほうが「もう少し多面的に考えてみよう」などのような、いったん受け止める表現に比べ、人間関係の対立を生みやすいことがこれまで実証されている。

一方、同族経営はファミリー間の遠慮が少ない分、言葉が激しくなりやすい面があると言われる。「子どものくせに」「おやじはダメだ」といった言い方をすることも多い。小さなことと見すごしがちだが、これが積み重なるうちにタスク・コンフリクトがリレーションシップ・コンフリクトにつながる。言葉づかいはコストをかけることなくすぐに実行できるだけに、ぜひ気を配りたい。二つ目はお互いの信頼関係があるかどうかを意識すること。信頼感が揺らぐと、例えば先代は業務上の課題を指摘しているつもりでも、批判された後継者は「自分のことが嫌いだから言っているのではないか」ととらえがちになる。こうなると、誤解がさらに誤解を生む悪循環となりかねない。それだけに信頼関係のある親子も、小さな勘違いが亀裂につながることもあり、注意が必要だ。

三つ目は会社の文化。コンフリクトの研究では、誤った意見を言っても攻撃されない雰囲気を「心理的安全」（サイコロジカル・セーフティー）と呼ぶ。宍戸准教授と日本能率協会マネジメントセンターの最近の調査によって、職場に心理的安全がある場合、タスク・コンフリクトがリレーションシップ・コンフリクトになりにくいことが明らかになってきた。心理的安全をつくるまでには時間がかかるが、いったんできると対立のプラス面を生かせるようにもなる。経営面での停滞を打ち破るためには、時間をかけて取り組みたいテーマだ。

コンフリクト研究はファミリーの対立以外にも、さまざまな形で応用できる。嶋元編集長は同族経営で目立つカリスマ型の経営者ならではの課題を指摘。「カリスマに対して、社員は対立を回避する心理が働くことが知られている。それだけに対立を仕分けして、よい対立が起こるようにすることが重要だ」と強調している。

老舗研究の最前線 過去でなく現在に注目すると見えること

目線を変えることによって、それまで見えなかった姿が浮かび上がることがある。同族企業の場合、例えば老舗を新たな角度からとらえ直す動きが進んでいる。キーワードは「今を生きる老舗」。長期的な存続の秘訣を学ぶのでなく、民俗学の視点からの調査・分析や事業戦略の変遷に軸足を置く研究など、老舗を見つめる視点は多様化している。

国内の老舗研究は1970年ごろから本格的にスタート。同族経営が2000年以降に経営学の世界的トレンドになったのと比べると、ずっと早い。過去の新聞記事などを振り返ると、同族経営はこれまで国内で不祥事などに否定的なニュアンスで使われることが少なくなかった。一方、老舗は世界的に見て日本に長寿企業が多いこともあり、特に90年代以降は永続性や長期的な視点から学ぼうとする動きが目立つ。

これに対して、茨城大学の塚原伸治准教授は全国を歩き民俗学の視点で老舗の現在進行形の姿を調査・研究する。塚原准教授によると、業歴の長い会社の経営者は、自社の持つ歴史や伝統が経営上有利に働くと考える場合、それらを活用しようと社外にアピール。周囲が認めた場合、老舗とみなされるようになる。ただし、アピールする歴史や伝統はさまざま。業歴がわからない場合やあいまいな場合のほか、望ましいだけの「古さ」がない場合などには、経営者が意図的な戦略として「事業の歴史をつくりだす」こともあるという。どういうことか。例えば、福岡県で行った調査では、ある飲食店は創業年、創業者が不明だが、経営者は自分が九代目にあたるとファミリーからの口伝えで知らされていた。そこでこの経営者は「一代30年とすると創業から２７０年ほどが経過している」と計算によって推測。さらに「微調整」を加え、創業３００年と名乗るようになった。また別な経営者は語り伝えられてきた創業年と創業者の生年月日を比べると、創業者が赤ん坊のときに事業を始めたことになり、矛盾があることを自覚していた。そのままではつじつまが合わないため、伝えるのをより古い創業年のみとすることに決めた。

塚原准教授は「『創業は何年かわからないが、そうとう古い』と伝えるよりも『創業〇〇年』

と伝えたほうが説得力があるのだろう。事業の歩みを経営者が『より真実らしい』歴史として語り直しているといえる」と指摘する。

もちろん業歴が長い会社や店舗のうち「語り直し」するところは限られる。また塚原准教授は調査したケースから、語り直しは業歴の長さを競いゼロからストーリーを立ち上げる作業ではなく、口伝から推定される時期を参考にしながら具体的な年月日をつけるような作業だとみている。口伝はそもそも確かめようがないため、調べたケースでは語り直したことを隠す風潮もあまりないという。このため、塚原准教授は語り直しを「経営者が使えるものを積極的に使いこなす戦略」ととらえる。

とはいえ、老舗の経営者は歴史や伝統に対して、すべて自由にできるわけではない。塚原准教授によると、歴史や伝統には「やわらかい拘束性」があるという。わかりやすく言えば、老舗の意識を持つ経営者は「老舗である以上、○○でなければならない」といった考え方につきまとわれる。例えば、地域で祭りなどが開かれる場合、経営がそれほど順調でないときにも「老舗であるのだから周囲を納得するような金額を拠出する必要がある」という会社は少なくない。寺や神社への寄進などにも同様の傾向がある。

業歴の長さを戦略に取り入れる一方で、老舗としてのあるべき姿からはずれないようにする――。これまでの研究から、塚原准教授は老舗を生きることをこうとらえる。こうした二面性を維持できなくなったとき、老舗はその地位を失うことになる。

同業種でも戦略は大きく違う

小樽商科大学の加藤敬太准教授は老舗の「変わらない部分」ではなく「変わってきた部分」に着目する。従来の老舗研究にこうした視点がまったくなかったわけではないが、加藤准教授は社会情勢の変化に伴って生じるステークホルダーの組み替えや経営戦略の刷新などを丹念に追い、変化のメカニズムを経営戦略という視点から明らかにする。「老舗が長期存続していることやシンボリックな側面の理解は進んできた一方、存続のプロセスやメカニズムなどは未解明な点が多い。これまでは環境変化や競争関係などを踏まえていない面が強かったのではないか」と加藤准教授は指摘する。

例えば、八丁味噌には長い業歴を持つ会社が愛知県岡崎市に2社ある。ともに味噌メーカーとしては全国で最古参クラスだが、その歩みは大きく違う。このうち、まるや八丁味噌はかつて創業家による経営が行き詰まり、別のファミリーによる経営を経て、90年代後半からは新たな経営者の下で成長している。拡大せずに地元を中心に事業を継続してきたが、最近では地元以外や海外にもファンを増やしている。一方、「カクキュー」で知られる合資会社八丁味噌は創業家を中心とした経営が一貫して続いてきたが、事業戦略は時代によって違う。50~60年代から製品の幅を広げながら、東京、大阪に進出するなど販売を全国ネットワーク化。最近は経営資料を整理する資料館を開設するなど、老舗の歴史を積極的にPRする手を打つ。

地元が同じで業種も同じでも、老舗の戦略はこれだけ違う。2社は長く競合関係にあるが、特産品としてブランド力を高めるために2006年の組合結成などを通じて協調関係も生まれている。加藤准教授は「老舗は単に業歴の長い会社というのでない。現在を生きる老舗において、これまで事業を維持してきたのはそれを支える実践的な経営活動が時期ごとにあったからだ」としている。

ファミリービジネス学会なぜ起きる？　同族企業のガバナンス問題

同族企業についての世界的な研究の広がりを背景に、国内の研究体制が少しずつ整ってきた。ファミリービジネス学会は同族企業の研究者や実務家の集まりで会員は約１００人いる。２００８年にスタート。現在の会長は前中央大学教授の秋沢光ファミリービジネス研究所副所長が務める。２０１６年9月には神戸市の甲南大学で「ファミリービジネスのガバナンス」をテーマにした研究発表大会を開催。最近のトピックを踏まえた発表と活発な質疑応答が相次いだ。

冒頭、今大会委員長の神戸大学名誉教授で甲南大学の加護野忠男特別客員教授は「コーポレートガバナンスというと上場企業の問題と思われがちだが、ファミリービジネスにもガバナンスの問題は多数ある。まず本質的な問題がどれなのかを見極める必要がある」と問題提起を行った。そのうえで、ガバナンスの基本課題として、⑴誰をトップにするか、⑵経営チームをいかに編成するか、⑶経営人材をいかに育成するか、⑷経営チームがより真剣に経営するように、どんな誘因と刺激を与えるか、⑸創業の理念をどの程度、尊重するか、⑹株式の分散をどの程度容認し、どう抑えるか――という6つを挙げた。具体的な事例として、サントリーホールディングスで社外から非ファミリーの新浪剛史社長が2014年に就任した事例などを紹介。「サントリーの場合、これまでファミリーでトップ交代をしてきた。社内はプロパーから社長は出ないことを前提に、お互いに顔の立つような関係をつくりあげてきた面がある。それだけにトップマネジメントチームの安定という視点を考慮したうえで、社内から誰かをトップに選ぶのではなく、社外からトップを連れてくるほうがいい、と判断している。非常に慎重な考え方に基づいている」と分析した。

続く研究発表では、慶応大学名誉教授で静岡県立大学の奥村昭博特任教授が「ソーシャルキャピタルを通じたファミリービジネスガバナンス」をテーマに発表。出光興産での創業家と経営者の対立について、ある人が用役を他の人に遂行させるときのコストなどを分析する「エージェンシー理論」に基づいて「創業家と経営者の思惑の違いから、モラルハザードが発生している」と指摘した。モラルハザードの背景として、ファミリービジネスの場合、コーポレートガバナンスと同時にファミリーに対するガバナンスが存在していると解説。非同族企業と違い、ガバナンスが二層構造である点を挙げた。

奥村特任教授はまた「アベノミクスで成長戦略にコーポレートガバナンスが入り、このところ欧米流の株主の価値最大化が進められてきたが、これはファミリービジネスのガバナンスとは一致しない面がある」と強調。海外の先行研究を踏まえ、同族企業が財務的な資産だけでなく、評判、名声、信頼、信用、コミットメントといった「社会情緒資産」を引き継ぐ点と分析した。さらに、日本の同族企業の場合には「自分がかかわっている比較的小さなネットワークに対して、恥をかいてはいけないという意識が経営者を律する根幹にあるのではないか」という見解を示した。

後継者の7割が「修羅場」を経験
跡取りはつらいよ

同族企業の後継者は周囲から「黙っていてもいつか社長になるのだから気楽だ」と見られることがある。しかし、実際の事業承継はそれほど甘いものではない。多くの後継者は厳しい場面をいくつも乗り越え、トップを引き継いでいる。なかには、直面する課題の大きさにこらえきれずに退社する人もいる。承継中の後継者からは「こんなにたいへんならば、いっそのこと辞めたらどんなに楽か」「父の会社だからといって、どうしてここまで苦労して継がなければならないのか」といった声が聞かれる。

興味深いデータがある。ファミリービジネス研究の八木陽一郎氏は事業承継を終えた後継者を対象に調査を実施。「事業を引き継ぐうえで『修羅場』と言える困難な状況に直面したか」を聞いた。その結果、修羅場が「かなりあった」「ややあった」は合わせて74・4％となり、4人に3人の後継者が厳しい場面に直面した経験を持つことがわかった。修羅場の詳しい状況について、7割の後継者は「(事態の) 推移は事前に予想もつかない展開だった」と回答。6割は修羅場を前にして、「過去の自分の経験が通用しなかった」と答えている。どう展開していくか読めない状況を前に、もがき苦しむ後継者の姿が浮かび上がる。さらに、調査では後継者の5割が「先代と経営方針をめぐる対立があった」と回答。「一族ならでは」の結束力を発揮できれば、ファミリーの存在は企業成長の原動力になる。しかし、一族に亀裂が走ると感情的な対立が生じやすく、後継者にとって修羅場となりかねない。

八木氏の事例研究では、例えばある会社では娘婿が義父の立ち上げた会社の後継者となったが、義父は株を実娘に譲り、夫である娘婿に渡さなかった。「ファミリーの一員になり切ろうと頑張っているのに低く見られている」と不信感を抱いた娘婿は、やがて女性問題を抱えるようになった。それを知った妻は「二度と家の敷居をまたがないでほしい。会社も辞めてほしい」と詰め寄り、夫婦の不和が社内の混乱につながった。別のケースでは、父の会社に入社した兄弟は「何があっても、会社の利益を高めることを優先しよう」と誓い合い、トラブルが起きないようにあらかじめ担当領域も分けていた。それでも、業績が一時低迷すると原因をめぐって兄弟の意見が分かれた。やがて、言葉の行き違いから連日社内で兄弟の怒声が飛び交うようになった。冷静な議論ができなくなり、経営改革が遅れる原因になった。

しかしながら、修羅場は後継者を苦しめるだけではない。むしろ、注目すべきは修羅場の果たす役割だ。

八木氏の調査によると、修羅場の経験を通じて「自己理解が深まった」「他者理解が深まった」と回答した人はそれぞれ8割、7割いる。修羅場での経験を経て「自分自身が変化したか」については、7割の後継者が変化を感じている。つまり、修羅場を抜け出すために七転八倒した経験は、後継者にとってムダではない。さまざまな角度から考え、自らを見つめ直し、リーダーとして成長するきっかけになる。それだけに、後継者が修羅場にどう臨むかは同族企業にとって重要なポイントだといえる。

京都ものづくりの事業承継、「おかん」と「嫁」が陰の立役者

日本文化をさまざまな面で支える京都のものづくり企業。その事業承継においては、後継者の母と妻が果たす役割が大きい。伝統産業を中心とした京都の製造業について、同志社大学の中田喜文教授がアンケート調査を実施。16年3月に開催の事業承継学会で発表した。

対象は、(1)「京都老舗の会」による京都府内の表彰企業のうち製造業、(2)京都商工会議所の中小製造業で910社から有効な回答があった。調査した企業を業種別に見た場合、金箔、装飾品などの工芸関連、土産用の和菓子や漬物、生ふ製造など、伝統文化に根差した会社が目立つ。規模は従業員10人未満が5割弱で、親族で経営する「ファミリービジネス」が約8割を占める。調査企業のうち、95％の会社は男性がトップを務めている。このため、表面的には京都の伝統産業の経営は「男社会」のように見える。しかし、調査では家族と会社

がもっと深い部分で重なり合っていることが浮き彫りになった。

後継者の支援について「先代社長以外で中核的な役割を担った人材」を尋ねたところ、49％が「先代の配偶者」、25％が「配偶者」と回答。合わせると4社に3社を占めることがわかった。先代もほとんどが男性であることから、実質的に「母のおかげでうまくいった」「妻が頑張ってくれたから成功した」とする見方が強いといえる。これに対して、「兄弟姉妹」「そのほかの親族」を挙げた回答は、ともに12％にとどまった。母や妻は直接経営に参画しなくとも、ファミリーの女性のなかでも後継者により近い位置にいる。そしてその分、同族企業の事業継続に貢献しているようだ。中田教授は「伝統的なものづくりの世界においては、母や妻が事業を引き継ぐうえで陰の立役者となっている、といえるだろう」と話す。

先代の後継者に対する育成姿勢と円滑な事業承継に相関関係があることも明らかになった。「円滑に引き継ぎができた」と回答したのは246社。このうち、先代のサポートが「積極的だった」「やや積極的だった」のは合計すると8割に達する。「円滑に引き継ぎできなかった」は467社あるが、先代のサポートが「積極的だった」「やや積極的だった」は合わせても35％にとどまった。先代のサポートの具体的な内容を複数回答で聞いたところ、「社内でいっしょに仕事をしてくれた」が35%、「権限を少しずつ委譲してくれた」が34%と上位となった。ただし、それ以外にも、サポートの内容は多岐にわたる。中田教授は「後継者の個性や成長、会社の事情などを見ながら、先代がそれぞれの発想でサポート内容を決めているからではないか」と分析している。

同族企業の場合、後継者は事業の引き継ぎにあたって、古参幹部の処遇に頭を悩ませることが多い、といわれる。そこで、後継者と先代の古参幹部との関係についても調べた。その結果、後継者の7割は経営陣の組み換えがないまま、古参幹部が残った形で先代から事業を引き継いでいることがわかった。承継にあたって、先代が経営陣を完全に組み換える支援を行ったケースは5%にとどまる。一方、古参幹部はそれぞれの立場から事業の引き継ぎについて考えているようだ。調査によると、後継者の円滑な事業承継に向けて古参幹部が「何もしてくれなかった」と回答した企業は3割にとどまる。古参幹部は後継者と年齢差があるものの、事業の引き継ぎに対して一定の役割を果たす人が多い。中田教授は「何世代にもわたって社会的、経済的に価値のある製品を社会に提供している会社が培ってきた後継者養成のノウハウが見えてきた」と話している。

MBAの総本山、ケロッグがファミリービジネスに力を入れる理由

世界の有力なMBAスクールでファミリービジネスを教えるケースが増えている。米ノースウエスタン大学ケロッグ経営大学院のジャスティン・クレイグ教授が、日本であまり知られていないトップクラスのビジネススクールでのファミリービジネス研究や教育の内容について、インタビューで具体的に語った。

――MBAの精緻な理論と、ときとして感情的でウエットな側面を持つファミリービジネスには、ギャップがある印象を持つ人がいるのでは。

クレイグ教授　確かに10年ほど前までならばそうだったのかもしれない。ファミリービジネスはあくまでも小さなビジネスの話であり、そこには家族間の葛藤があり……といった形でとらえられていたからだ。しかし、現在ではまったく違う状況になっている。さまざまな研

究の結果、世界の有力企業の多くはファミリービジネスであることが明らかになり、経営学の世界ではファミリービジネスが有力なトピックの一つとして当たり前に取り上げられている。かつての誤解がなくなっていることを知ってほしい。

ケロッグで研究し、教えるのもこのためで、ファミリービジネスのさまざまな課題に対してフレームワークづくりが進んでいる。経営者の年齢や世代ごとの役割の違い、オーナー、ファミリー、経営者の立場の違い、ファミリー間の葛藤など、フレームワークは多岐にわたり、研究が深まるにつれて精緻化が進んできている。

――ケロッグのファミリービジネス研究の歩みは。

クレイグ教授 私が所長を務めるケロッグ・センター・フォー・ファミリーエンタープライズは約20年間、ファミリーが直面するさまざまなチャレンジを理解するために調査・研究を行っている。そのミッションは、ビジネスを展開するファミリーがビジネスとファミリーそれぞれのマネジメントについてより適切に準備し、管理できるようにすることだ。この分野に対するケロッグの取り組みは先駆的といえる。これはファミリービジネスの社会的、経済的な意義に早くから気づいたからだ。同時にケロッグの学生や卒業生にファミリー企業の出身者がいて、それぞれキャリアを重ねるうちに自然な形でケロッグとの関係づくりが進んだ。私は2015年からこのセンターに加わっている。

センターの名称がファミリービジネスでなく、ファミリーエンタープライズとあるのには理由がある。通常、ビジネスという言葉はいわゆる経済活動を営むことだが、エンタープライズの場合はもっと総合的な組織を指す。実際、ファミリーによるビジネスは例えば、世代を超えて成長するなかでファミリーメンバーの人数が増える。すると、資産のポートフォリオを組んだり、ファミリーの意見を集めて意思決定する場を設けたりする必要が出てくる。それだけに、ビジネスではなく、エンタープライズととらえるべきだ。研究の成果はビジネススクールのMBAクラスでの講義や経営幹部向けプログラムなどに生かしている。

――MBAの場合、ファミリービジネスについてどんなことを、どのように学ぶのか。

クレイグ教授　MBAクラスの学生はファミリービジネスを学ぶかどうかを問わず皆、最高経営責任者（CEO）、最高財務責任者（CFO）、最高情報責任者（CIO）といった企業エグゼクティブ層に必要な「C」のスキルセットや考え方をまず、身につける。しかしながら、ファミリービジネスのリーダーになるには、それだけでは十分ではない。ファミリーのビジネスに特有の「F」のスキルセットや考え方を身につけなければならない。わかりやすくいえば、「C」に必要なのは通常のMBAの内容、つまり経済についてだ。これに対し、「F」の場合にはここに社会的な側面が加わってくる。具体的には、会社のあるコミュニティーに対する認識や経営にあたっての長期展望といったことがそれにあたる。ファミリービジネスのリーダーは収益という経済的な目的を果たすと同時に、ビジネスを継続する目的も同時に果たす。その分、ファミリーのビジネスをリードするのはたいへんで複雑だ。そして、それゆえに多くの報いが得られる。

アントレプレナー、イノベーションの一環

ケロッグのMBAクラスではファミリービジネスの講義はアントレプレナー、イノベーションのコースに含まれる。将来、ファミリービジネスのリーダーとなる人は、卒業する時点で「あれもわかっている」「これもわかっている」というように、必要なことを一つのパッケージとしてわかっていることが望ましい。同時に前の世代までうまくいっていたことが次の世代ではうまくいくと限らない以上、次世代のリーダーシップに向けて創業者的なメンタリ

ティーを持っていなければいけない。

人気のある講義は、例えばアントレプレナーファイナンスがある。ファミリービジネスではベンチャーキャピタル的な機能を持つビジネス投資を行うケースがある。このため、この講義では創業者のメンタリティーの視点から財務をどう考えていくかを扱う。ケーススタディーなどを通じてファミリーのビジネスに特有の課題を考える機会を与える。最終的には卒業時点でファミリービジネスを考えるフレームワークをしっかり持ってもらう。それはすぐに使うものだけでなく、将来的にリーダーとして成功するためのものも含まれる。ビジネスが大きくなればチャレンジがそれだけ増えるし、ファミリー間の課題も増えるからだ。

――ファミリービジネスはどんな人が学んでいるのか。

クレイグ教授　全員がファミリービジネスの出身というのではない。ファミリービジネスのコンサルタントを志す人や非ファミリー出身者でこの分野を学びたい人も含まれる。比率で言えばクラスの10％ほどがファミリービジネスの講義を受講する。その学生は世界中から集まる。もちろん日本からもだ。ケロッグにはファミリービジネスクラブという関連イベントを行う集まりもあり、それを含めると15％ほどになる。ＭＢＡとは別に、経営幹部向けプログラムがマイアミキャンパスにある。このコースには40人ほどが世界中の提携校から集まる。プログラム名は「ビジネスを成功させながら継続する」だ。

――なぜこの分野の研究者になったのか。

クレイグ教授 私はオーストラリアのブリスベンでホテルを経営するファミリーに生まれ、10歳からは家の仕事を手伝うなどして育った。高校卒業後は進学しないで、兄とともに家業に入った。このため大学に入ったのは遅く、30歳だった。実務や経験を通して、どうしたら家業がうまくいくかを知ってはいた。しかし、なぜそうなるのかがわからなかった。私はそれを学びたかった。大学ではビジネスと心理学を学び、博士号は行動科学で取得した。こうした歩みを踏まえ、最もフィットする分野としてファミリービジネスにたどり着いた。この分野の研究は学際的な面が強いと感じている。ケロッグでは、さまざまな分野の研究者とのコラボレーションが進んでいる。その結果、例えば、ファミリービジネスが社会的、経済的にどういうインパクトを与えるかの調査が進んでいるし、ファミリーシステムの関係論では心理学の視点からみた研究や信用醸成という視点での研究も行われている。

日本とドイツ、同族企業のイメージは大きく違う

同族企業が「負のイメージ」で語られることのある日本に対して、ドイツでは同族企業をポジティブにとらえる見方が強いという。2つの経済大国において、なぜこうした差があるのだろうか。「ドイツ同族大企業」の著者、横浜国立大学の吉森賢名誉教授と考察する。

日本の場合、同族経営が注目を集めるのは一族の対立や公私混同、会社の私物化などファミリーが原因の不祥事やトラブルの場合が少なくない。このため、同族経営という言葉にはどこかマイナスのイメージがつきまとう。企業はこうしたことに敏感で、一族とのつながりを社外にあまり発信していない。トップや主要株主に一族出身者がいても「ウチは同族企業ではない」とする会社はめずらしくない。

これに対して、戦後、日本と同じように成長した経済大国、ドイツでの状況は異なる。同

族企業の社会的な威信は日本に比べてずっと高く、同族による経営はむしろプラスととらえられることが多い。ドイツの企業イメージについて、ビッテン同族企業研究所は「同族大企業」「中堅同族企業」「小規模同族企業」「非同族大企業」「非同族上場企業」の5区分での調査を実施。調査はあらかじめ企業のさまざまな属性を設定し、どの区分に該当するかを回答する形式で行った。その結果、同族企業のイメージは非同族企業よりも高かった。理由について「従業員の高い労働条件と雇用維持への責任感」「従業員相互間の連帯感・責任感・安心感」「権限移譲による従業員の行動自由度」など、労働環境に対するイメージのよさを指摘する回答が多かった。「顧客や取引先企業との長期的関係」「企業の継続性と信頼性」など、ロングスパンで事業を進めていく姿勢を評価する回答も目立った。一方、非同族企業に対してはネガティブなイメージの回答が並ぶ。「人間が単なる生産手段とみなされる」「他者を競争相手として排除・妨害する社内の人間関係」など労働環境に対するマイナスイメージが強い。また、「権威主義的階層構造」「短期的利益追求」など組織体制に対する負の見方も多かった。

ドイツにはグローバルに事業展開する同族企業が多数ある。また、規模が小さくとも競争力のある製品やサービスで存在感を持つ中小規模の同族企業もある。最近ではＩＴ活用で製造コストを大幅に削減する「インダストリー４・０」が注目を集めているが、その担い手も同族企業が目立つ。イメージ調査の結果を裏付けるように、こうした企業のホームページでは、会社案内などに同族企業であることを明記していることが多い。同族企業であることに誇りを持ち、一族と歩んできた道のりを記している。同族による経営を表に出したがらない会社もある日本とは事情が違う。

ではなぜ、日本とドイツでこうした違いがあるのか。ドイツ企業の経営に詳しい横浜国立大学の吉森名誉教授は、同族企業の収益性の高さを踏まえたうえで、プラスイメージの背景には同族企業が社会的に果たしてきた役割の大きさがある、と指摘する。ドイツでは国が本格的に取り組む前から、同族企業が働く人の福利厚生に取り組んできた。いち早く疾病傷害保険や老齢年金を導入したほか、従業員向けに社宅や病院を開設。８時間労働や有給休暇など労働条件を改善する仕組みも、同族企業が早くから取り入れてきた。政府が上からさまざまな仕組みをつくるのでなく、同族企業が下からつくりそれに政府が追随してきた歴史がある。こうした取り組みはドイツでは広く知られている。このため、同族企業は働きやすいと考える人は多く、それがイメージの高さにつながっている。吉森名誉教授は「ドイツには米国流の株主資本主義と同時に、同族資本主義も存在している。同族出身の経営者は従業員とともに自由と自主独立を掲げて企業共同体をつくってきた。経営者が自らリスクを抱えながら事業を進め、利益が出たら従業員にどんどん配分する。日本の同族企業はドイツのような労使の共同体を戦略的な目標とすべきだ」と話している。

ドイツでは同族企業に適した多様な所有形態が認められている。例えば、上場している場合でも、議決権のある普通株を一族が所有し、議決権のない優先株のみを上場させる同族企業がある。また別の同族企業は株式合資会社という企業形態を採用し、同族出資者だけが合資会社の無限責任出資者として経営業務を執行する権限を持つ。ドイツの同族企業も同族内で対立が起きることがある。この点では日本と共通しており、マイナスイメージになる。しかし、それまで積み上げたプラスイメージが大きく、致命傷になることは少ない。また、同族企業の課題に対する研究なども進み、特有の課題を克服する取り組みに厚みがある。

イメージに差があるもう一つの理由は、日本の同族企業における情報の発信力だ。ドイツほどでないとしても、日本の同族企業の中には従業員を重視した取り組みを行ってきた会社が各地にある。地域や社会への貢献などで国に先んじた取り組みをしてきた企業もある。にもかかわらずあまり表に出さないため、多くの人には同族企業の活動や特質が伝わっていない面がある。吉森名誉教授は「日本で同族企業に注目が集まるのは不祥事のときがほとんどであり、それがマイナスイメージにつながっているのではないか。日本の同族企業は自信と誇りを持って自社の特質やさまざまな取り組みを発信すべきだ」と強調する。

中沢康彦 なかざわ・やすひこ

日本経済新聞社 編集局企業報道部シニア・エディター。1966年新潟市生まれ。慶応義塾大学経済学部卒業。毎日新聞社記者を経て日経BP社に入社。「日経ビジネス」記者、「日経トップリーダー」副編集長、日経電子版デスクなどを経て現職。ファミリービジネス学会所属。著書に『星野リゾートの事件簿』『星野リゾートの教科書』など。

日経プレミアシリーズ 358

あの同《どう》族《ぞく》企《き》業《ぎょう》はなぜすごい

二〇一七年一一月九日 一刷

著者 中沢康彦
発行者 金子 豊
発行所 日本経済新聞出版社
http://www.nikkeibook.com/
東京都千代田区大手町一―三―七 〒一〇〇―八〇六六
電話（〇三）三二七〇―〇二五一（代）

装幀 ベターデイズ
組版 マーリンクレイン
印刷・製本 凸版印刷株式会社

ISBN 978-4-532-26358-4 Printed in Japan

日経プレミアシリーズ 337

あの会社はこうして潰れた

帝国データバンク情報部　藤森 徹

77億円を集めた人気ファンド、創業400年の老舗菓子店、名医が経営する病院――。あの企業はなぜ破綻したのか？ トップの判断ミス、無謀な投資、同族企業の事業承継失敗、不正、詐欺など、ウラで起きていたことをつぶさに見てきた信用調査マンが明かす。倒産の裏側にはドラマがある！

日経プレミアシリーズ 214

保険会社が知られたくない生保の話

後田 亨

『医療保険』は検討に値しない」「いまどき『保険で貯蓄』は疑問」「難解な商品は避ける」――。生命保険のカラクリ、業界の裏話から、数少ない「おすすめ」商品まで、生保会社の営業として長年勤務した経験のある保険アドバイザーが、具体的な企業名や商品名を挙げて明かす生保のすべてがわかる本。

日経プレミアシリーズ 250

保険外交員も実は知らない生保の話

後田 亨

「お守り」代わりに保険に入る、終身保険や養老保険に多額の保険料を支払っている、何となく契約を続けている――。あなたは保険との関わり方で、「残念パターン」に陥っていないか？ 大手生保での勤務経験を持つ保険コンサルタントが、「必要最低限の望ましい保険の活用法」を徹底指南する。

日経プレミアシリーズ346

今そこにあるバブル

滝田洋一

長引くデフレの先に待っているのは、再びのバブルなのか？　タワーマンションやアパート投資に向かう節税マネー、訪日客人気で過熱する大阪ミナミの地価、半年で3倍になったビットコイン相場――。不動産から、ドットコム銘柄、ＡＩまで、日経編集委員が新たなバブル現象を読み解く。

日経プレミアシリーズ348

他人をバカにしたがる男たち

河合　薫

駅やコンビニで暴言を吐く、上だけを見て仕事する、反論してこない人にだけ高圧的、相手の肩書き・学歴で態度が別人――こんな人、気になりませんか？　本書では、女性の中でも進む、現代人の「ジジイ化」に焦点を当て、健康社会学の視点から、わが国にはびこる「ジジイ」と「粘土層」の生態を分析。70歳現役社会で男女が輝くヒントを紹介します。

日経プレミアシリーズ352

パクリ商標

新井信昭

フランク三浦、ＰＰＡＰ、マリカー、クレヨンしんちゃん――国内外で抜け駆け出願される「パクリ商標」。商標とは何か？　どうやって守るのか？　３０００件を超える知財コンサルティングの実績を持つ著者が、様々なパクリの事例を紐解きながら商標の世界を語る、知的面白本。